大展好書 好書大展

大展好書 好書大展

前言

江夏豐先生是一位留下無數次有名關鍵賽的救援投手，他能夠在決定勝負的關鍵賽中，適時地投出轉敗為勝的一球，而化解一次大危機。

當江夏豐在這種一步也不容退縮的緊張局面登場時，即使有多麼的不順利或障礙，他都會不斷地告訴自己：「一旦站上投手板，我就是最好的狀態。」

當人們陷入危機時，往往急於逃脫，但是，相反地，江夏豐卻在危機時大膽地把球投向打擊者所擅長打的球路，結果，不可思議的是，打擊者都沒有好的打擊表現。

在這種情況下，如果要遏止對方的氣勢，就必須將自己的體力、智力和精神力發揮至極限才行。因此，不能說出「情況很糟！」、「使不出氣力！」等等牢騷話。不論情況如何惡劣，當危機來臨時都不能夠逃避。

尤其是如果認定自己處於不利，則一看到對方便會畏縮退怯。也許由於江夏豐一旦站上投手板就自我暗示：自己一直處於最佳狀態，而且不擔心對方打擊者所擅長打擊的球路，所以，他能夠突破任何危機。

想要創造在危機時也不動搖的「強韌心」，其方法是像前述那樣誘導自己的心的「自我暗示」。

當一個人面對危機、處於孤立無援的情境時，他只能依靠自己。亦即，只有自己操縱自己的心，使自己的心不屈服於危機。而最有效的方法便是「自我暗示」。

特別是在商業方面，當被要求底力或被問到真價時，這種自我暗示便能發揮作用。

對公司職員而言，當被試驗真正的「工作力」或被訓練「工作力」時，大概就是面臨危機的時刻。如果能夠持有在任何危機中都不會動搖的「強韌心」、「精神力」，而突破各種困難，那麼，「工作力」將會提高很多。

如此想來，相對於下次即將發行的「創造提高『工作力』的心」系列，我便將本書的書名由原訂的『自我暗示術』，改為『精神力——在危機中也不會動搖的「強韌心」』。

面臨危機時，任何人都容易陷入心理性的恐慌，然而那只會使危機更擴大，或招致新的危機。想突破這種情況，就得靠「保持鎮定！」的「自我暗示」。在本書中，為了使讀者易於了解這種自我暗示，特將它歸納成三個原則來做說明。

第一是客觀地把握現狀，自我客觀視的原則。

第二是不從不利的現實中逃脫的原則。

第三是對自己現有的想法、狀況，從完全不同的角度去重新審視的原則。

江夏豐也是絕不忽視自己的順利或障礙，而是冷靜地接受它，並且做了「只要站上投手板，就是最佳狀態」的自我暗示。面對棘手的打擊者從不逃避，反而將球投向該打擊者最擅長打的球路。

在本書中將以這三個要點為中心，儘可能多多為您介紹帶有「精神力」的自我暗示。本系列的另外兩本書——『集中力』和

『積極力』，希望對於提高您的「工作力」能夠有所助益。

多湖 輝

目錄

第二章　正視難纏的事物
——創造投入危機中的「強韌心」

第三章　凡事用心看，用心想
——創造化危機為轉機的「強韌心」

序論——為了創造「意識力」

只要用點心就能改變人生

由於職業的關係，經常會有一些對工作或人際關係有煩惱的人和我談起他們的經歷。令人驚訝的是，對於任何事都沒有自信，而陷於不安的人竟然出奇的多。詢問他們之後，發現：他們之中大部分的人在別人的眼中，事實上都具有很強的能力及優秀的條件，然而，他們可能是因為不相信自己的能力，而未曾發揮其所有的能力。

這些人的共通現象是誠實、小心，要忠實於自己而活著的心態太過強烈。因此，對於任何事都以完美無缺的成功為目標，一旦沒有達成，便會感到迷惘煩惱，有時甚至會有強烈的自卑感或無力感。結果，什麼也沒有獲得，只是滿腹的鬱悶，沒有生氣蓬勃的充實感，只是懊惱地渡過每一天。

其中不乏年輕人、老年人。也有男性，也有女性。也許現在的您正處於這種情況，或是您的部屬下或孩子正被這種無法形容的自卑感所苦惱。

當我看著這些人的臉時，總會這樣想著：為什麼他們不能夠以更愉快的心情來過生活呢？為什麼不能除去肩上的壓力，放鬆緊張的心情而以輕鬆大方的心情來投入工作呢？如果能夠如此，那麼煩惱或自卑感應該就會立刻煙消雲散……。

這是很容易做到的，並不是什麼難事。然而，只要稍微改變心情、改變一下自己的看法，就會像脫胎換骨一般，擁有自信地投入工作。

但是，很遺憾地，很多人似乎都做不到。不過，正確的說法是，他們都認定那是做不到的事情。仔細想想，這確實是實情。

不過，即使說是「認定」，但由於這些人不懂認定法，所以正煩惱、痛苦著究竟要如何做才能改變心情呢？那就是「精神力」，亦即我從現在開始要談「強韌心」，而要創造「強韌心」的方法便是自我暗示。過去您一定或多或少實行過這種自我暗示。問題是您是否清楚地意識到它或意圖去活用它。

只要有效，麵粉也可以當藥

不僅是自我暗示，事實上，暗示的現象和我們的社會生活具有密切的關聯。例如，您很可能會到火災現場去成為看熱鬧的群衆之一。此時，您正處於一個因為某種共同的關心或興趣而聚集在一起的群衆（沒有組織的集團）之中。

於是，您可能會受到這些群衆的影響，而做出您平常獨自一人時所想像不到的行動。定神一看，會不自覺地大叫，或是和其他的人一起跑等等。這種經驗大概誰都曾經有過吧！很明顯地，這是暗示作用的結果。

另外，有些人在看過電視上某個商品的廣告後，到百貨公司時會不知不覺地買下該商品。每天重複地讓觀衆看，廣告的效果就會顯現出來。這也可以說是某種暗示效果。亦即，廣告或宣傳不斷地驅動您無意識的心，藉著這種暗示效果來使您付諸於實際的行動。

暗示的效果不僅是如此而已。這是好幾年前的事情，我在電視節目中對了不起的大人們進行一種暗示效果的公開實驗。

我在二十位左右的大人面前拿出一個小筒，並說道：「在這個小筒中裝著酸甜味道的氣體。我現在要將小筒的活栓打開，當您們聞到味道時請立刻舉手。」說著就把活栓打開了。

結果，很快地全部的人都舉手。全部的人都說清楚地聞到酸甜味。但是，也許已經注意到了，那小筒中裝的只不過是無色無味的空氣而已。

這剛好和把麵粉當藥給人吃，就能治好頭痛或腹痛的例子一樣，具有同樣的效果。另外，有些人會因為別人對他說：「你的臉色發青。」而真的臉色變青。由於醫生的一句話而引起真正生病的醫原性疫病，也是此一原理所引起的。

以上這些例子都被稱為覺醒暗示。這和「手變熱」式的催眠有明顯的區別。亦即，它是在覺醒著的意識清楚之條件下的暗示效果。這種自我暗示的強大效用是即使自己對自己做自我暗示時，也一樣能夠表現出來。有些人與其借助他人，不如自我暗示更能收到較大的暗示效果。而且，自我暗示具有他人暗示所沒有的優點，因為，自我暗示可以用自己的意志隨時隨地自由地進行。

相反地，例如催眠療法在心理療法的範圍中被認為極具效果。然而，這種借助他人催眠的情況，經常會再復發，而且必需不斷地接受治療者的施予暗示才行。這是催眠療法的一大缺點。

而包含著自我訓練法的自我暗示之方法，由於施術者是自己本身，所以能夠反覆地對自己本身施予暗示，而且任何時候都可以進行，因此，暗示的效力將可以增強好幾倍。具體來說，把麵粉當藥給病人吃，這需借助他人，但是，如果自我暗示：「這應該有效」，而把麵粉當藥吃了，就無須借助別人了。而且，光是如此就能夠顯現出極佳的效果。

自信或不安乃是主觀的東西

為什麼自我暗示對於恢復自信具有很大的效果呢？

我們的心，截至目前為止都不斷地在接受來自自己或他人的各種暗示。受此影響，往往會在某種情況下過於高興或在某種情況下陷入極端的鬱悶。亦即，暗示有作用於正面的，也有作用於負面的。因此，在強烈地接受到負面的暗示時，我們便會被難以形容的自卑感所苦惱或導致不安與恐慌。

「自信」這個詞彙在辭典裡的解釋是：「自己相信自己的價值與能力」。我們人類都從自己過去的經驗來想：「我自己應該有完成這種事的能力吧！」以此作為判斷的基準，將來如果是這種程度的事情，就期待自己應該能夠完成。這就被稱為「自信」。

當我們要思考這種自信或不安時，首先有兩點必須預先知道。

第一是：自信並非絕對固定的東西，即使是同一個人，也會因為時間或場合的不同而有「有自信」的時候或「沒有自信」的時候。

第二是：自信或不安絕對是當事人如何感覺的「主觀之體驗」，而不是客觀的東西。也就是說：當被自己或他人施予負面的暗示時，這個主觀就會變得相當積極，它便會成為自卑感或不安的根源。

就在此，有一個構成自我暗示術的基礎來作為恢復自信的技巧。亦即，剔除掉負面的暗示，自己對自己施予正面的暗示來取回原來的自己，這是最有效的手段。

「負面性格」可以改變

但是，導致缺乏自信或不安的負面狀態，原因是什麼呢？

首先被考慮到的原因是「性格」。例如，就像沒有自信的代表型人物被稱做神經質一樣，「神經質」的人很膽怯，會為瑣碎的事而煩惱，對將來持著悲觀的看法。這一型的人對煩惱的事特別有癖好。

在別人看起來事實上已經做得很好的事，他本人卻認為做得還不完全，總認為：「那裡如果這樣做就好了，這裡如果這麼做就好了。」老是對無可挽回的事懊惱著。

這一型的人經常對自己做負面的自我暗示，被自卑感所虐待。而且，還有意志薄弱的傾向。可以說：具備了「沒有自信的人」所具的全部特徵。

與這型的人極端相反的是偏執型的人。此型的人非常好強，絕對不甘示弱。多半是愛出風頭、頑固、自私型的人。這型的人也被稱做「自我膨脹」，具有很強的自我，傾向於總是「我……」地把自己抬舉出來。猜疑心也很強，無法信任別人。

頭腦頑固，總是做武斷的解釋，一旦這樣認為就很難接受別人的說法。換言之，這型的人已經不是自信很強，而可以說是有點接近迷惑邊緣了。

像這樣，由於人類性格的不同，自我暗示的方向被分成兩個極端，具有自信的有無可以決定其一面，這是事實，但是，將其當作是遺傳的，終生不變的，這種宿命論的想法是錯誤的。這些性格很明顯地是因為後天的因素而形成的。對此，如果施予正面的自我暗示，則導正其軌道並非絕對不可能。不過，深植於性格中的無自信，確實有其非常難以治癒的一面，所以，對於導正一事，多少必需持有耐心才行。

過度保護兒的負面狀態

使自己的心陷入負面狀態的第二個原因是欠缺自律心、獨立心，亦即缺乏主體性。

現代可說是一個過度保護的時代，一般說來，在過度保護下長大的人都缺乏自己判斷、自己做意志決定的經驗。

因為母親或周遭的大人們已經代替他本人做了意志決定。這種人在獨自一人時，無法自己做意志決定，在想要處理某事物的時候，負面的自我暗示便會開始作用，所以總會感到沒有自信、沒有依靠。

另外，在過度保護下成長的人，大概都缺乏欲求未滿足或失敗的體驗。因為周遭的大人已經照顧他、援助他，讓他沒有機會去體驗那些情況。這將使他們欠缺從失敗的挫折感中自己爬起來的生活技術。結果是自己將自己創造成沒有自信的人。

雖說在幼少年時期親人的養育態度是導致自信的有無的要因之一，但是也許可以說以他本人的意志也做不出什麼吧！

然而，這絕對不是宿命論的想法。雖然自己是被親人呵護著長大的，但是，如果能夠施予正面的自我暗示，則今後仍然可以用自己的力量排除困難的一面。

失敗或成功端視個人的感覺

除了像這樣的要因之外，容易陷入精神性的負面狀態的第三個原因是，失敗、成功的體驗。

例如，你現在工作很順利或只要打麻將就一直連莊。像這樣，如果做任何事都成功的情況一直持續，正面的自我暗示當然會開始起作用，而自然地湧出自信來。但是，如果做什麼事都不順利的話，當然就會導致喪失自信而陷入不安了。

雖說是如此，但並非絕對無法挽救。在此，達到「擁有自信」的自我暗示術，就相當有效。

成功和失敗的體驗就和自信的有無一樣，是非常主觀的東西。即使從旁觀者的眼睛，看來任誰都無法做得更好的事情，也許本人仍然會感覺是失敗了。

相反地，即使從別人的眼光看來是完全失敗的事情，也許本人一點也不認為是失敗，還覺得是成功呢！事實上，成功和失敗都是當事人本身主觀的體驗，亦即，只不過是個人的感覺罷了。

如果用另一個語詞來表示，那就是「要求水準的差異」。要求水準高的人，例如，對一個以一〇〇分為目標的人而言，七五分大概就會感覺是失敗。但是，對一個開始即以五〇分為目標的低要求水準之人而言，七五分已經可以說是大成功了。

因此，失敗、成功體驗會因為您的持心法或要求水準的高低，而改變其心理的效果。去作動它則將可能轉化成正面或負面。這可以說是自我暗示術的極意。

此外，造成負面狀態的第四個原因是自卑感。自卑感，亦即比他人差的感覺，這是由各種因素所引起的。可能是身體或容貌的劣等所引起，也可能是能力或性格的劣等所導致的。一旦成為這種自卑感的俘虜，將會認為自己什麼都不行，而導致連可以輕易完成的事也不想去做。

如此一來，自卑感又生出新的自卑感，開始了永無止境的惡性循環。

然而，這也只是當事人本身的「劣等情感」，事實上「劣等」與否則又是另一個問題。因此，對於扭轉這種惡性循環，正面的自我暗示仍可發揮效果。

創造「強韌心」的三個要點

阻止這種惡性循環的自我暗示術，其具體的方法大約有三點。

第一個方法是：客觀地把握現狀。在迎戰敵人時，必需先了解敵人。隨著敵人的不同，處方箋也不一樣。例如，自己無論如何都沒有自信，這如果是由於性格的怯懦所引起的，就必須用針對此種情況的處方。假使是因為連續的失敗所導致，就得用另一種方法來應付。

總而言之，要冷靜地查明自己的現狀。如果能夠明瞭問題出在何處，加以整理，則任何複雜原因的結都能夠被解開，也可以了解何者是本質，何者是衍生出來的東西。如此一來，就抓住了如何踏出克服的第一步之契機了。由此開始，在本書隨處出現的以自我客觀視為題目的一群自我暗示技巧，就要誕生了。

第二個方法是：不要從這種負面狀態的事實中逃避。以逃避的心態是無法戰勝強敵的。不管多苦都面對面去解決，以來自深層的反抗力來克服自卑感或無自信。總而言之，除了以您自己的手去應付外，別無它法。這也可以說是自我直視的自我暗示術。

第三個方法是：對自己即有的想法，以完全不同的角度去看它。意識性地利用「情人眼裡出西施」的人類心理之不可思議面，來轉換精神狀態。這是本書中最主要的部分，也可以說是自我轉換的自我暗示術。

當然，除了這些原則以外，還有由各種體驗或理論所產生的自我暗示之技法。但是，這三個方法是自我暗示的三大原則，也許或多或少有一些和此沒有直接關係的具體方法，不過，它們也都是繼承此種想法的一派。當您本身打算考慮新的技巧時，可以試著將這個原則看作雛型來下工夫，想辦法。

「實踐」「不斷重複」是自我暗示的祕訣

在本書中所談的技術都是我本身、好友或前輩們所苦心研究出來的東西。無論如何，希望您能試著踏出第一步。然後在每天的生活中不斷地反覆實行之。

「反覆進行」是必要的工作，「暗示」是一般共同具有的重要心理因素，而自我暗示術的成功與否，則和「反覆進行」有著極大的關係。即使是再巧妙的暗示法，如果怠忽了「反覆進行」的工作，則效果必然減半。反之，即使是小小的技法，也能夠藉著不斷地反覆進行，而發揮出比高等技巧更大的效果。

在本書中所提出的任何一個技法，只要切實去實行，一定能夠讓您發現過去自己未曾注意到的能力或長處。使您因此而充滿自信，積極地工作，並且悠遊自在地生活著。這才是真正的您。

第一章

在鏡前看自己

創造冷靜看待危機的「強韌心」

1 以另一個自己來看自己

即使同樣是失敗，但失望感的大小卻因取笑自己與否而有所不同

在外國人看來，「失敗時的笑」是日本人的行為中難以理解的一個。例如，拼命跑趕電車，到達時車門卻咻地關起來了，這時，大部分的日本人會笑一笑。

或是好幾張彩券都沒有中獎，也都會一笑置之。這些外國人所無法理解的行為確實是這個疑問的一個理由。因為如果換作他們，一定會捶胸頓足、懊惱不已。

但是，這種日本式的笑，意味著日本人獨特的一種生活技術。笑可以減輕因失敗所引起的失望感，達到緩衝失望感的功能。雖說笑這種表現是由優越感所產生的，但是，在這種情況下，取笑自己可以使自己抱持著優越感。

亦即，因為像他人一樣地取笑失敗的自己，可以分裂自己，製造心的空隙，而使自己感覺到猶有餘裕。

像這樣的生活技術也可以應用在悲傷時的自己或陷於自卑感中的自己。取笑正在煩惱中的自己，可以客觀地看自己，如此一來，因煩惱而引起的負擔將會突然減輕許多。

陷於不安時，試著自問自答不安的理由

從訴說不安的人的信來看，常會讓人認為：「啊！這個人不久就可以擺脫不安了！」因為，他們可以從他們訴說的話去辨別他們所煩腦的內容。

將煩惱用寫文章的方式寫成疑問句及回答，非常醒目地列出來，像「我為什麽……呢？」「那是因為……嗎？」這樣自問自答式地將煩惱寫下來的人，比較能夠早一點擺脫煩惱。當然，只是單方面地不斷將自己的煩惱訴說出來，從不安的表達方面看來也是有其效果的。不過，如果加上自問自答這種精神上的作業，則其效果將能夠更早顯現出來。

理由是：藉著自問自答可以使當事人很快地看清自己不安的真面目。不安和現於眼前的原因清楚的「恐怖」不同，「不安」的特質是原因曖昧不明、抓不住其真面目。

因此，可以說在以更明確的形式掌握其原因時，不安已經消除了百分之九十。所以，自問自答具有排除不安的情緒，拯救自己的意義。

寫信給朋友或情人乃是消除煩惱的絕佳方法

事業失敗，為戀愛問題而苦惱，家庭不和睦等等，人類有著各式各樣的煩惱。不管是什麼樣的煩惱，最快的消除方法是將煩惱的事情向別人傾吐。

「凡事都藏在心裡，遲早會憋死。」把煩惱藏在肚子裡，完全無法解決事情。因此，在進行煩惱的協商、面談之顧問者，必需要能營造出能讓商談者無所不談的氣氛，這是相當重要的。讓商談者把他想說的話完全說出來，將他內心的煩惱全部傾吐出來，如此一來，問題似乎已解決一半了。

幾乎在所有的情況下，光是如此便能夠讓商談者剛進屋時的疲憊表情一掃而空，而帶著忘掉了煩惱似的開朗神情回家。

這種當面協商面談的原理，在日常生活也可以經常使用。試著將您自己的煩惱坦白地說給您周遭的人聽。新興宗教的社會功能之一，就是能夠提供一個這樣的商談場所給一般的人民。

雖說如此，但是由於對方不是專門的面談顧問，所以很難能夠全部坦白地說出來。此時，建議您寫信給父母、朋友或情人等親密的人。

因為，寫信具有不會看到對方的臉，能夠坦率地訴說煩惱的優點。而且，藉著將煩惱寫成文字，可以把煩惱的原因整理出來，使自己的煩惱更具體化。亦即，經由寫信，具有可以客觀地審視煩惱的效用。

也許光是寫信就能夠使煩惱煙消雲散，使心情開朗起來。或許藉此能夠發現消除煩惱的具體方法。

如此一來，由於已經達到寫信的目的，所以就不需要將那樣的信寄出去。將它和煩惱一起拋掉，對工作或學業的熱情便會湧現。

焦躁、著急時儘量將原因全部寫在紙上

當我因為焦躁、意志不集中而工作效率低落時，我會將其原因儘可能大量地寫在紙上。不管是多麼微不足道的原因都儘可能地寫出來。

諸如「隔壁的貓叫很吵人」、「很想快一點聽聽剛買的CD」、「下次的演講題目必須趕快決定才行」等等，不論大小事情都試著條列出來。

光是如此，就能成為消除焦躁的方法，整理所列出來的原因，也許會發現原因意外地複雜且糾纏不清，或是原因非常地單純，可以客觀地而且具體地掌握焦躁的原因，並且發現解

決的對策。

有時候將事件排出優先順序，試著把它們區分成現在要處理的事，暫時忍耐的事或做完一事後再來解決的事等等，焦躁或不安往往會被輕鬆地整理出來，而不知不覺地消逝無蹤。

這是心情轉換法的一種。書寫的行為本身也具有減輕緊張的效用。在考試的答案中隨意寫一些和問題無關的字，或是在重要的會議中在便條紙上畫漫畫，這些都是一種無意識地期待減輕緊張的行為。

面對鏡子，對另一個自己說話，可以冷靜地審視自己

在極度機械化、合理化的大組織中，員工經常被日夜之壓力所苦的大企業裡，有為了消除這種壓力而設置的「自我治療室」。有趣的是，在這種房間的入口安置著像兒童樂園裡的魔鏡一樣的凸面鏡和凹面鏡。

站在這種鏡子前，自己的臉部會像小黃瓜一樣地拉成細長型，身體則會變扁像蟾蜍一般，可以看到伸長和縮短的自己。

如果是兒童樂園裡小孩子的遊戲就姑且不論，然而為了這種大人而且是大企業裡的精英分子設置這樣的鏡子，究竟是何用意？恐怕很多人都會感到納悶吧！

但是，實際地使用過這種自我治療室的人們，據說他們站在這種鏡子前時，都能很快地面對變形的自己之姿態，而且，不知不覺地就能夠消除壓力。因此，意外地頗受好評。

其原因之一是：將另一個自己呈現在眼前，可以客觀地審視自己本身，進行無言的對話，這大概是鏡子所引起的效果吧！在這個大企業的自我治療室裡，對於自己滑稽的姿態，會無條件地笑出來，而且能夠捨棄被平日熟稔的自己所俘虜，這些效果是不容否定的。

然而，這也只不過是將可以客體化看見自己的鏡子之性質，更有效地活用而已。

由此看來，似乎還有一些竅門可以讓我們經由自我控制來活用鏡子。

目前，據說美國有名的企業家，即使酩酊大醉仍然可以藉著面對鏡子而找回自己，冷靜地行動。而且，每天早上出門上班之前，會對著鏡中的自己做自我暗示說道：「今天會做得很好！」因此而使得業績節節攀升的業務員也大有人在。

鏡子不僅可以正衣冠，同時也是修正你內心的有力「精神強化劑」。

當您不太順利時，試著將該件事自言自語式地說出口

因為在國外生活而變得神經衰弱的人很多，從以前的文豪夏目漱石到現在的旅外學人，以至於今後仍然會有這種案例。調查這些案例發現：最主要的原因大都是因為無法流利地使

用外國話而引起自卑感，導致說話的行為減少了的緣故。

亦即，由於說話的機會減少，所以無法充分地使用該語言，將自己的內心世界淸楚地表達出來。

相反地，在那些非常能夠適應國外生活的人當中，據說有些人在回到宿舍或公寓而獨自一人時，會儘量地以「自言自語」的方式來消除他的欲求不滿。

由於生活在國外，所以除了使用該國的語言外，別無它法。不過，如果能夠用自己的母語儘量地將自己的內心傾吐出來，那麼應該不會得到神經衰弱等等疾病。

並不是在別人的面前將自己的內心宣揚出來，當在沒有人的時候，或是有了無法在他人面前說的煩惱時，可以試著應用這種方法。

而且，事實上，這個方法已經是我們日常生活中經常可見的行為之一。

在認真思考時，或是被非常激烈的情緒所左右時，我們往往會在不知不覺中，甚至忘了自己地喃喃自語。我想建議您在失敗時或不安時試著有意識地來自言自語。

「真糟糕！這件事如果這樣做……。」像這樣獨自地喃喃自語，將可以使您的心情輕鬆許多。

關於這一點，我一直對一個案例頗有興趣。

那就是：長久時間被社會所隔絕，而能夠不失去自我、非常好地生存下來的原日本兵橫井庄一等人，他們大概是這種「自言自語」的優秀實踐家吧！當他們被人發現時，他們仍然能說出流利的日語。這就是證據之一！

有煩惱時，試著將自己和更大的世界對比一下

「人間五十年，比起外典裡的世界，就如同夢幻一般。」這是戰國時代的武將織田信長最愛誦讀的一句話。所謂外典，是指佛教的經典以外的書籍而言。在這裡可以想成是那些書籍所記載的內容，亦即，悠久的大自然或綿延不斷的歷史等等。

人類的一生和悠久的大自然或綿亙的歷史比起來，只不過像夢幻一般地短促。在弱肉強食的戰國時代，身陷於殺人或被殺的抗爭中，雖被認為是自信的、有毅力的男兒，也有夜裡獨自煩悶的時候。織田信長的這句話可以讓我們窺探到他的另一面。

當您被各種煩惱所糾纏而似乎喪失了精神上的自由時，如果能夠將自己置身於這樣的想法中，並養成習慣，則將成為很有效的自我暗示。

亦即，完全改變在自己日常所處的世界之對比對手，藉著從廣大的時空外來看自己，對比地將自己的煩惱或不安矮小化。

牛頓說：「從大宇宙的存在看來，自己的工作只不過相當於廣大沙灘上的一粒沙子而已

。」確實如此，從地球的歷史來看，人類的歷史只不過像在東京鐵塔上，放一枚拾圓硬幣那麼厚而已。

而人類的歷史當中，個人的一生還不及兩小時的電影中瞬間的一閃。

像這樣，思考地球的形成，生物的出現，仰望夜空，想想宇宙的浩瀚，藉此可以了解自己的存在是多麼渺小，而自己所煩惱的事就更微不足道了。如此一來，即使在大局面中也將變得能夠冷靜地抓住問題。

回想過去的自己，可對現在的自己具有信心

據說一位英國的作家曾經實行獨特的不順超脫法。當他在執筆中無論如何都無法下筆，他就去閱讀他在大學預備學校時代所寫日記。據說，藉此他恢復了自信，再度湧出了執筆意志，這是相當便利的自我暗示術。

當然，日記裡所記載的過去之自己，大概也都因時間的不同而呈現各種不同的面貌。有可能是精神飽滿、對事物抱持樂觀看法，也有可能是比現在的自己更意志消沈，更悲觀。如果過去的自己是充滿活力，凡事都能順利地進行的話，那麼便會鼓舞自己「我倒忘了，原來自己也有過這樣風光日子」。

相反地，假使過去的自己比現在更落拓或被幼稚的想法所支配的話，那麼將會讓自己覺得：「比起以前，現在的自己已經進步很多了！」也就是說，藉著閱讀日記，可以使自己現在的心情轉換至正面的方面。

換言之，不管過去是好是壞，日記會忠實地反映出過去的自己。前述的英國作家就是藉著把過去日記中的自己和現在的自己做對比，而把陷於不順遂的心情反轉過來，重拾信心。

為了轉換心情而回顧過去的自己，除了利用日記以外，還有其它方法。

例如，重讀昔日愛讀的書籍，也具有完全相同的效果。在重讀當中，過去對該書所抱持的感動或批判將會再度甦醒。那和日記一樣可以激勵自己。

2 分清楚他人是他人，自己是自己

人容易誇大別人的長處而小看自己的長處

不僅是石川啄木，每一個人都會有認為「每個人看起來都比我偉大」的時候。然而，這種「偉大」並非客觀的東西，往往都是反映心理狀態的東西。特別是，當自己的心中有某種自卑感的時候，往往會將對方誇大化，而被誇大化的幻影所影響，甚至導致喪失自信。

這是我第一次出國旅行時的故事，那時對所見所聞都覺得外國人的東西比較大、比較好，而陷入一種自卑的情緒中。那次，我在義大利買了一副婦人用的手套帶回國當禮物。

但是，回國時一看，那副手套實在太小而毫無用處。那是因為把外國人都看得過大，而選了過小的東西。平常和金錢無緣的人會把硬幣看得比實物還大，這是個有名的實驗。這也是因為同樣的心理機構在作用的緣故。

人們常說：「隔壁的草坪看起來比較綠」、「別人的老婆看起來比較漂亮」，人往往會誇大別人的長處而小看自己的長處。如果了解這一點，應該就不會隨便地感覺到「每個人看起來都比我偉大」。

了解別人和自己有同樣的缺點，可以使自己免除自卑感

樂聖貝多芬從少年時期開始就被家庭的貧困、肉體上的缺點等因素所引起的自卑感而苦惱著，然而，後來他卻能夠反轉這種情況，而為後世人留下偉大的音樂。據說，其精神力的支柱之一是和他自己一樣被肉體上的自卑感所苦惱，而卻能夠爬上英雄寶座的拿破崙。

一般說來，人類在他人身上找到和自己有共通點時會產生親密感。尤其是像貝多芬這種例子一樣，如果其共通點是根源於自卑感的話，那麼，親密感的心情將會更強烈。因為會產生「原來被這種事所苦惱的人並不是只有我一個！」的連帶意識。

特別是，對方如果是偉人、成功的人或是有某種特別成就的人時，將會對該人生或生活方式有著極大的鼓舞作用。

在我所處理過的案例當中，也有對讀書毫無自信，導致對任何事都失去自信的少年，然而，他卻在聽了以下的人在學生時代是劣等生，而逐漸恢復了自信。

那些人是生物學家林奈和達爾文、物理學家牛頓、哲學家黑格爾、詩人拜倫，以及前面

提過的拿破崙等等。

以上這些人物都是被美國精神衛生專家J・E・瓦林當作「因為欠缺某種能力而在學生時代被貼上劣等生標籤的人」，所舉例的歷史人物。他們都能超越學生時代的劣勢，而在晚年時發揮自己的能力，對人類提供偉大的貢獻。

像這樣，了解在所有的分際中都有人和自己具有同樣的缺點，就會知道被缺點所苦惱或胡亂地抱持著自卑感是多麼徒勞無聊的事。

試著數出比自己優秀的人之短處，可使自己的長處延伸

在象棋的世界裡，大家都知道，職業選手和業餘者的實力相差非常懸殊。有一回，我遇見一位打敗職業棋士的業餘棋士，向他問起致勝的秘密時，他一邊強調是偶然的勝利，一邊說了以上的話。

「當我坐上對局的座位時，事實是相當怯場的。因此為了消除緊張，我就儘量地用眼睛去找對方的短處。像是穿著不得體、鬍子沒有刮乾淨、香煙只吸了一口就弄熄，這種瑣碎的事。然而，就在找對方缺點時，不知為什麼就輕鬆起來而湧出自信。」

我自己本身在過去的考試時，也經常有試著去找主考官的毛病，而使自己的心情穩定下

創造「強韌心」的十條方法

1

面對鏡子，對另一個自己說話，可冷靜地審視自己。

來的經驗。人類確實在找到對手任何細小的毛病或缺點時，相對地自己的長處就會凸顯出來，並產生自信。

當然，那些短處並不會對對方的實力有所損害，然而卻可以使自己脫離不必要的恐慌或萎縮，保住自己即有的實力。

即使是可怕的對手，只要找出和自己的共通點就不會怯場

在『大雜院人去賞花』的滑稽故事裡有這樣一段：貧窮的大雜院裡的人們到上野的山上去賞花。然而，路上看到的都是看起來非常富裕的人，其中一位房客因此而感到相當自卑，故發牢騷道：「大家都穿著漂亮的衣服，我們穿著的雖說是衣服，脫下來其實是破布，連當作抹布也不配！」於是，房主斥責他說道：

「剝掉皮之後大家都剩下骨骸，凡事皆不可看輕自己。」

這句話似乎包含著使人從不必要的自卑中解放出來的自我暗示術。亦即，不管是多麼了不起的對手，就像「剝掉皮後都是骨骸」一樣，要看到對方和自己的共同點，將對方看成是和自己同水平的人，那麼使自己自卑的理由就會消失。

當然，共通點並不是只有「骨骸」而已，應該找出愈多愈好。只要對方不是神，那麼，

應該可以在生理上、肉體上或精神上找到一些和對方相似的共通點。在數著這些共通點的同時，對方比自己優秀的點之百分比就會降低，而變得看起來並不足取。

在對手身上發現別的身分，就不會有負債的感覺

美國已故總統甘迺迪過去在帶著賈桂琳夫人參加舞會時，經常在自我介紹時說以下這樣有名的文句。

那就是「I an her husband」（我是他的丈夫）。這句話在他的總統身分以外，表示了更親切的「某位女性的丈夫」之身分，消除了他和聽衆之間的心之藩籬。這對本書的主題而言，也是極珍貴的啟示。

例如，在日本明治末年舊制高中生之間常唱的流行歌，大家都應該知道吧！「父親，了不起的父親。父親是兒子變來的」、「老師，威風的老師。老師是學生的佣人」、「校長，擺架子的校長。校長是老師中的老狐狸」。這些歌詞的特徵是：將所有的身分，從另一個觀點去重新審視它，重新詮釋它。

亦即，舊制高中生是以年輕人的批判精神，在權威者的身分中去發現另一種卑下的身分，而把對他們有著極大壓力的對手從權威或權力的寶座上拉下來。

從這個例子可以明顯地看出：已故甘迺迪總統臨機應變的重新詮釋身分的方法，對於我們在面對難應付的對手時似乎是頗有助益的。因為，每個人都是同時屬於各種不同的族群，而在各個族群當中都被賦予完全不同的身分。

在您的公司中擁有極高權威的社長，在另一家母公司的董事會上也只不過是屈居於末席，微不足道。回到家中可能是在太太面前抬不起頭的懦弱丈夫，即使打起麻將來，也是非年輕人對手的「老爸」。

然而，我們卻往往只看到難纏的對手的一面而已，把那一面誇大解釋，抱持著難以應付的意識。

如果我們能像前述那樣努力去發現對方完全不同的身分，那麼，縱使是再難纏的對手，對您而言就變得不那麼可怕了。

當將要被對手的頭銜壓倒時，想想同樣的頭銜也有高下之別

某所高中的柔道選手在大會中看到所發表的比賽隊伍時，發現對手都是一些比自己高二、三段的選手。

當他們都認為初段對三段根本沒有贏的可能時，老師卻勉勵他們說：「雖說是三段，但

是也有高下之別。三段的人當中也有敵不過初段的傢伙呀！」這番話使他們心生勇氣，而能夠在比賽當天竭盡所能地比賽。

以頭銜來評斷，是日本人的壞毛病。我們往往忘了頭銜只不過是為了將人類類型化的一種方便的手段而已。不能把頭銜看成是萬能的。

這位高中老師一定是因為長久以來的經驗，所以能夠看穿那樣的想法是不通的，而對學生提出了如此適切的建言。頭銜的本身正如這位老師所說的「有高下之別」，這是實情。

當我們似乎要被頭銜壓倒時，這種想法可以作為自我暗示的材料。例如：「即使是台灣大學出身的也有高下之別」，藉著這樣的想法，在碰到有著台大出身的頭銜之對手時，就不會有不必要的畏懼感了。

對於對方不好的舉動試想另種全然不同的原因可消除不快感

例如，您被囉嗦的上司叫去，被斥責一番。雖然坦承自己有錯，但是卻不會有想去改進的慾望。

如果您去思考他所責罵的每一句話，想想他為什麼會嚴厲地斥責您？是不是您給對方很不好的感覺，或是他認定您沒有能力？假使您開始認為還是自己不行的話，那將會使您的心有嚴重的挫折感。

在這種情況下，最有效的自我暗示術之一是：對對方的行為找出一個全然不同的原因，並且認為他之所以對你做了那樣不好的行為，是因為該原因所致。

譬如，現在這個案例的話，你可以試著認為：「課長大概是因為家裡有不愉快的事，所以才如此心煩意亂吧！」、「他每個月都會對某個人發脾氣一次，這個月大概是剛好輪到我吧！」、「大概是被人甩了而來洩憤的吧……」。

特別是愈人類化的想像，愈能夠使自己不受到對方那種不好的行動所影響。

在壓倒性的對手面前，意識性地做出緩慢、舒坦的動作

據說滑稽故事的演員之好壞，從登上舞台的動作就可以分辨出來。從舞台的兩側出來，坐在坐墊上、然後深深地鞠躬，在這個過程中，如果是優秀的滑稽故事演員，都會做得緩慢、舒坦且自在。像古今亭今輔佐師等人，都是以非常緩慢的動作登上舞台，他們的動作慢得幾乎要讓觀衆等得心焦。

據說有一位年輕的滑稽故事演員就是效法這種慢的動作，來使自己的技藝更精益求精。因為，在登上舞台時，只要抱持著「慢」這個念頭來做動作，那麼就不會被大量的觀衆之氣

勢所壓倒，而能夠把滑稽故事演好。

事實上，不僅是滑稽故事而已，這也可以應用在人類所有的動作上。亦即，人類的心理和動作的速度具有相當的關係存在，當心情緊張時，動作也會慌慌張張。而當心情輕鬆、舒坦時，動作自然會變得緩慢。

因此，將這個道理反過來用，意識性地將動作緩慢下來，則動作就會受到心理的規範，往往就能消除不安而變得充滿自信。

前述的年輕的滑稽故事演員，就是實際地利用了這個原理。

面對壓倒性的對手時，應背光而立

關於劍豪宮本武藏和佐佐木小次郎在巖流島的決鬥，據說當武藏對著旭日初昇的海面時，就已經決定勝負了。亦即，小次郎是面對著被陽光包裹著的武藏，這個位置對武藏而言是絕對有利的。

確實如此，武藏所採取的這個逆光線的位置，會給對手一種「眩眼」的物理效果，會帶給對手各種心理性的影響。

首先，背對著陽光而立的人像，會像影子一樣讓對方看不清楚他的表情。相反地，對方的一舉一動卻完全攤在陽光下，將自己全部暴露無遺。這會使對方感到不安。此外，背向著陽光的人像會和陽光形成一體，而給對方一種看起來比實物大的印象。

「後射」狀態確實可以在精神上壓倒對手。

由這個原理看來，即使不一定要把自己置於背光的位置，只要讓對手處於向光的明亮位置，而自己位於不受光的暗處，那麼，就會有前述的效果。總之，當碰到壓倒性的對手時，可以利用光線來保持自己的優勢。

除去和對方的敵對感，找出共同的敵人

有這樣的例子：平常關係很糟的婆媳，突然意氣相投地、熱心地談起話來，而她們所談論的話題就是隔壁太太的壞話。

當她們有了隔壁太太這樣的共同敵人時，就會呈現休戰狀態，除去彼此之間心理的藩籬而互相妥協。

不僅是婆媳之間的話題，人類從過去就是如此，會因為共同敵人的存在而使得互不相讓的人彼此妥協，使得井水不犯河水的人互相攜手，這種歷史不斷重演著。

例如，國內紛爭不斷的國家，當受到外國的威脅時，便會轉而團結起來。就連小孩子的

世界也是一樣，正在吵架的兄弟，會因為一個欺負人的小孩之出現而突然團結起來，一致對外。

此外，像羅蜜歐和茱麗葉之類的故事一樣，一對戀人會因為受到周遭人的反對而變得更緊密結合在一起。這也是前述這種現象的例子之一。

由此看來，可以將這個原理反過來應用，藉著有意識地製造共同的敵人，可以使原本處於敵對狀態的雙方結合起來。

事實上，希特勒當年正是利用把猶太人當作共同的敵人，而抓住了當時難以掌握的德國中產階級的心。

即使不像希特勒那樣大費周章，這個方法對於那些無法和對方和平相處，或是想和對方搞好關係的人而言，都算是可以應用的方法。

對於那些態度冷淡的對手，或是很有抗拒感而難以接近的對手，如果你能巧妙地找出共同的敵人，然後去接近對方，彼此應該會因此而產生親切感。你不妨試一次看看。

注視對方身體的一部分，可以逃脫來自對方的壓迫感

我們經常會覺得某些人有某種壓迫感。就像有「儀表堂堂的人」這樣的表現一樣，具有

壓迫感的人全身會散發出一種壓迫人的氣勢。因此，面對這樣的人，如果以全身對全身的方式去面對他的話，就只有被壓倒的份兒。

在這種情況下，為了躲開對方的壓迫感，有一種注視對方身體的一部分之自我暗示術。在戰爭的時候，有所謂的「一點突破」，那是集中一點猛烈地攻擊敵人最脆弱的地方的一種戰術。我們也可以將它應用在人類身上。

譬如，注視對方的耳朵、鼻子或是黑痣也可以。

在互相對話的同時，一直持續注視著對方身體的某一部分。如此一來，從對方全身散發出來的壓迫感，你就會只感受到少許而已，同時，也會使對方將注意力轉移到被你注視的那個部位。

也就是說，你不僅不會陷入他的步調中，而且可以藉此分散對方的意識。結果，相反地將使對方的眼睛慌慌張張地搜尋而沈靜不下來，變成主客顚倒的情勢。

為了躲開對手的壓迫感而採取的自我暗示術，對於發展成動搖對方心情的暗示是十分可能的。

對於棘手的對手，保持面無表情是頗具效果的

人在碰到感覺上咄咄逼人的對手時，往往都只會認為「是個難纏的傢伙」，而過於意識化地陷入對方的步調當中。

在這種情況下，很容易點頭同意對方的話，恭維地笑著，或隨聲附和對方的話，把自己完全暴露出來。

如此一來，就永遠無法突破對方的步調而掌握契機。

將存在於自己心中的難纏對手的意識輕易地除去是不可能的，也抓不到什麼線索來繫住自己的心，而不致陷入對方的步調中。當我們愈是這麼想，我們的內面就會在臉上的表情或動作上顯露出來，而被對方看透了。

在這種情況下，為了躲開對方的束縛，有一個方法是：意識性地保持面無表情。如此一來，不但不會把自己的內面顯露出來，相反地，裝出面無表情還能夠使自己的心不致動搖並且定下來。

這麼一來，就可以守住自己的步調，即使是難纏的對手，也就變得不足以恐懼了。

利用卑下的稱呼，可消除棘手意識

在報紙上有所謂的「政治漫畫」。大官被畫成動物，大國的首相出差錯的情景被畫成滑稽的漫畫，引發讀者會心的一笑。

對我們而言，政治權力者算是一種難纏的人物，這種政治漫畫對於使人們產生對這些政治人物的親切感，消除因認為他們是偉人而引起的劣等意識等等，發揮了相當大的功能。

和此具有同樣效果的是綽號。一般說來，我們對於會讓人有心理壓迫感的人，往往都會有給他取個綽號的傾向。例如，在中學或高中的校園裡，會被冠上綽號的往往都是囉嗦型的老師，而在公司裡，容易被人取綽號的是吹毛求疵型的上司。

「昨天又被部長罵了」、「昨天又被『蝦虎魚』說教了」，說這兩句話的心理壓力是截然不同的。換言之，我們藉著給難纏的對手取「另一個卑下的名字」，可以和對方取得心理上的平衡，並維持對等的關係。

亦即，綽號有將壓迫感轉變成親切感或優越感的特效藥之效果。

因此，如果有意識地利用這種效果的話，即使是再難纏的對手，也可以將他印象化地置於和自己同等或比自己低下的位置。

試著將這種心理從另一個方面來想，把某些動物給我們的那種「動作遲鈍」、「腦筋很差」的印象，刻印在難纏人物的身上，藉此可以封住該人物所持有的壓迫感。

綽號之所以大部分都是較卑下的稱呼，事實上就是這個原因。因為有餘裕將對方的「另一個名字」挾入自己的領域時，這種餘裕就會成為創造自信的支柱。

3 注重順序的效用

在迷惑時，把問題集中在達到該目的的某一個階段上

「陪女人去購物是既浪費時間又疲勞的事」，很多男性都會如此嘆氣。

去百貨公司買衣服時，不是說布料的花樣不錯但是設計不太好，就是說設計很喜歡但是布料不好等等，嚴重地感到迷惑，結果多半是沒有達到購物的目的而回家去。

像這樣的情形不僅是發生在女性而已，任何人在對學業或工作產生迷惑時，大都會做出類似的事情來。

重複這樣的事，會像文字一樣陷入迷路之中。如果在產生迷惑時，將問題集中在達到該目的的某一個階段來考慮的話，即可發現脫離迷路的退路。

譬如，買衣服時，就把目的限定在花樣、設計或布料其中之一。如果把花樣當作優先考慮，接著就把重點集中在設計上，如此將問題限定之後再來考慮，就可以消除迷惑感而挑選

到自己想要的衣服，同時也不會讓陪你購物的人有「再也不想和你一起去購物」的感嘆。

俗語裡有一句話是「眼花撩亂」，但是，如果有意識地在心中將眼睛暫時蒙起來，就不會到處感到迷惑了。總之，集中於要點上就對了。

與其面對大目標，不如將小目標逐一達成較能產生自信

發現「特洛依遺跡」的德國考古學家修利曼，在少年時代非常熱愛荷馬的詩。他將實現少年時代的夢想當作生涯的目標。他首先展開的行動是主修可以解讀古文書的語文學。

接著，想辦法籌措挖掘的資金，最後爭取挖掘所需的時間，終於達成了一生的大目標。他不是馬上去面對大目標，而是藉著逐一達成小目標來增加自信，因此能夠在長久的時間裡朝著一個目標不斷地前進。

「一步一步慢慢來而且要踏實」，這是達成任何事的基本要件。不管是如何少許的水準提昇都算是一種進步，都會帶給人的心裡極大的力量。與其立刻面對大目標，不如逐一去達成小目標，這才是產生自信的泉源。然而，在這個世界上，很多人都讓自己背負著大目標的難題，被焦慮感所糾纏或喪失了自信。

創造「強韌心」的十條方法　2

有煩惱時，試著將自己和更大的世界、宇宙或天體相比。

目標愈具體愈能夠提高「做的精神」

常可看到一些打高爾夫球的人雖然打了好幾十年的球，卻常常感嘆自己打得不好。我本身也是這種人之一。聽聽那些在短時間內就打得很好的人的故事，雖說運動神經的好壞也是原因之一，但是主要是對打高爾夫球的精神準備全然不同。

一旦開始打高爾夫球，當然誰都希望打得好。但是，他們並非只是籠統地想打好球而已，而會提出具體明確的目標，譬如「三年以內成為『獨身者』」。於是專心致力於練習，所以能夠迅速地打好球。

在心理學上有所謂「目標行動」的用語，意思是說：有了目標才能產生行動。在此之際，目標愈具體、明確，朝著目標前進的行動將會愈直線化，愈能夠產生做的精神與勇氣。

一位訂定「糖醋排骨」的目標，而出門買菜的家庭主婦，和一位持著「買晚餐的菜肴」，這種不明確目標的家庭主婦，她們購物的方式是截然不同的。

雖然原因不明確，但總是提不起做的精神，這樣的人最好試著確認一下是不是因為目標不明確或太籠統。

在開始工作前，先將程序系統化，會更輕鬆

有這麼一則故事：有一位國王給兩位臣子同樣大的土地，並命令他們立刻在該土地上建設城鎮。由於兩位臣子都沒有經驗，所以感到相當頭痛。其中的A臣子一邊非常焦慮一邊急急忙忙地在土地中央建了房子，接著在房子旁邊建造了道路，然後引水。

總之，就這麼開始作業了。

但是，B臣子雖然也很焦急，卻還在傷腦筋。就這樣，過了好些日子。A臣子的工程已經進展很多了，然而他卻仍然為能否在規定的日期前完工而感到非常不安。不過，B臣子雖然連一支樁子都還沒打，但神情開朗地開始進行工事。事實上，在此之前，B臣子一直在思考著工事的程序。

這個比賽的結果大概是B臣子勝利吧！在此，二者的心理狀態的問題比勝負的歸屬更值得探討。即使最後二人打成平手，對始終焦慮不安的A臣子而言，B臣子卻是從中途安心地進行工事的。其差異是：B臣子是在思考工事的程序上花了許多時間，由於將工作系統化，所以可以預測整個工程。

以上雖然只是一則寓言，然而，例如在被委託進行廣大面積的開拓時，日本人和美國人

的差異就和這則寓言中的兩位人物很類似。一向習於系統化思考的美國人，會徹底追究所求的可能性，將工作的內容系統化。

經過系統化的工作，即使在中途有些許的問題，或被迫需變更順序時，也馬上能夠知道從何處下手。亦即，可以安心地進行工作。

與此類似的經驗，在我們的日常生活中也很多，即使需花一些時間，但是一旦將工作系統化，便能夠抓住工作的整體，就能像工作已經完成似地感到比較安心了。這種安心感往往能夠大大地左右往後工作的效率。

給自己報酬，即使是對不喜歡的事也能集中全力

需讓小孩去做不喜歡的事情，母親經常會採用「如果現在開始讀書一個小時，我就帶你去玩」或「如果去看牙醫，我就買模型飛機給你」，這樣的報酬誘導方式。

這種對快樂事情的期待感會改變小孩子的心情，而願意去讀或看牙醫。在企業等場所中，這也經常被用來當作附帶動機的手段。

以營業員為例，如果以「給你當課長」、「給你加薪」當作報酬的話，那麼，對工作將會加倍地努力。

的確如此，任何一個人，當目標是負面的時候，都會提不起勁，而使得事情無法順利進行。如果在目標的背後加上正面的要因時，往往就能夠湧出突破負面障礙的能量來。在心理學上稱之為「報酬效果」。當你要做自己不喜歡做的事情時，可以試著自己給自己報酬，如此一來，你應該就能夠集中心力完成該事。

譬如，你很討厭去公司的話，就在下班時，到有你喜歡的女性的酒吧去喝一杯，當作是給自己的報酬，那麼，去公司一事就不再是那麼痛苦的事情了。

對於討厭的事將自己投入不得不做的環境中，自然會變成喜歡

有一次我在拜訪某家不動產公司時，被一個意外的情景所震驚。一位青年在課長面前直立不動地站著，他報告自己的姓名，當課長講了什麼時，他就一字不漏地重複說一遍。完全是過去軍隊中的作法。

更令人驚訝的是：這位青年在學生時代是非常厭惡規律、因襲，穿著牛仔褲大跳迪斯可，他正是我的一位好友的兒子。探其究竟，原來在這個公司，大家都是用這種做法，這是他們公司的風格。

對於熟知此青年之過去的我而言，他的轉變著實令我感到意外。然而，不可否認的，人

類確實有類似這樣的一面。

亦即，人類在不得不那樣做的環境中，不管是喜歡或不喜歡，都會採取去適應該環境的行動。例如，在乾淨的屋子裡就不會亂丟紙屑，但是在雜亂的房子裡就會隨意地弄髒它。在電車裡，大家都讓座給老人，自己若不讓就會不安，於是就跟著讓座。假使將這種心理反過來用的話，將能夠使自己去喜歡那些自己原本討厭的事情。

當你很想儘早取得某種資格時，首先試著將自己投入不得不用功的環境中。譬如，利用假日或休假時到大家都認真地投入書本中的圖書館去，硬逼自己不得不用功。

將問題抽象化，即使是討厭的事也會感到不那麼討厭

當你面對不可避免的討厭的事情而感到悶悶不樂或不安時，利用意義論學者S・I・早川所提出的「抽象的梯子」這種工具來假裝「作壁上觀」也是一種方法。

亦即，各種具體的事物一定具有更高一段或二段的抽象化的概念。譬如，家裡飼養的「花貓」，是雌貓、貓族、哺乳類，也是脊椎動物，像這樣可以在抽象化的梯子上繼續爬上去。試著把討厭的事物放在這種梯子上順序地爬上抽象的高處。

例如，當你有一位A這樣討厭的上司時，就像「花貓」一樣，把他放在A↓男性的人類

→哺乳類→脊椎動物→動物→生物這種抽象的梯子上，然後，你便可以在這個梯子的任何一階上，隨心所欲地作壁上觀。

把A當作脊椎動物、生物或A來看，如此你的怒氣一定會消散許多。把討厭的工作當作是勞動→為了吃飯→生活，因為拙於言辭而煩惱時，就把說話當成是溝通→傳達→情報，藉著將它置於抽象的梯子上，就能夠把形成不安對象的事物之具體性抹消掉。

自由聯想對於忘掉討厭事物也很有效

把討厭的事物從某個言辭開始不斷地聯綴下去，將可消去煩惱或不安，這種不可思議的心理效果被認為是「抽象化」或「自由聯想」。

「自由聯想」的特徵是：從某個字眼開始，用完全自由想像的字眼接著一直聯綴下去，結果將會連接到和最初的字眼完全沾不上邊的字眼上去。

例如，在聯想術大家井上作家的『江戶紫繪卷源氏』一書中有「饅頭→女性性器→女人→我的女兒→嫁不出去就糟了→客人是個好青年→嫁給他吧→女兒結婚了→孫子誕生→一家團圓→女婿送來零用錢→安閒渡日→極樂往生」這樣的聯想。

一個饅頭竟然可以聯結到極樂往生。

我們的聯想，經常不只是到達極樂往生而已，聯想的心理效果確實是具有如此無限寬廣的境地。

亦即，聯想具有將人從自我的中心部拉開的效果。在自我裡，有核心部和周邊部。當被觸及核心部時，會產生情怒或憎恨等強烈的情緒反應。心理學上稱之為「自我干預」。聯想可以將人的關心從自我的核心部引至周邊部，具有從自我干預中解放出來的功能。

例如，有了失戀、事業失敗或考試失敗等經驗而想忘掉它們時，可以試著從自己最在意的對象或事物開始做自由聯想。

失戀↓失去愛↓燒愛↓燒雞……、若從戀人的名開始，野口四郎↓野口↓野外的洞口↓陷阱↓危險……，如果是東京大學的話，東大↓銀杏樹↓落葉↓爐火↓烤芋頭……等等，失戀變成燒雞，東大變成烤芋頭，對於捨棄你所在意的事，多少是有幫助的。

當你產生不安時，試著清楚地分別悲觀和樂觀

任何人都無法正確地預知未來，因此，在訂定某種目標時，往往會在「應該能夠順利進行」，這種正面的想法和「不，好像行不通」，這種反面的想法中反覆地穿梭著。這是因為樂觀和悲觀紊亂了。

特別是在沒有自信的情況下，悲觀的「發生率」會特別高，當不安的情緒升高時，同時會制約行動，這容易變成猶豫不決的原因，而無法積極地面對未來。

為了消除這種不安，紐約的精神分析醫生F·福克斯進行以下的事。他和許多重要的公司職員進行面談，對於他們在開始從事新的事業或登上新的地位時，對未經歷過的領域感到不安時，他建議他們製作「樂觀、悲觀表」。

在大張白紙的中央畫一條直線，把紙分成左右兩邊，然後在左邊的開頭處寫上「樂觀」，右邊寫上「悲觀」，並貼在書房的牆壁上。

每天從公司回來時，就站在這張表的前面，將當時心中浮現的樂觀的觀測，和悲觀的觀測各自寫出來。

在全部寫出之後，把悲觀的觀測用黑色的奇異墨水一個一個地抹黑掉。據說在此同時，這種悲觀的觀測就會從心中被趕出去。

接著，將樂觀的觀測大聲地說一遍，在心中就會像「表」一樣充滿了樂觀的觀測。

此方法的效果在於：當不安時，能夠將紊亂的悲觀的觀測和樂觀的觀測清楚地區別出來。在持續區別的作業中，將會發現樂觀的要素並不少，即使悲觀的要素出現時也可以被抹掉，因此，心中就能夠得到安定。

將這個原理弄明白之後，便不必特意地寫在紙上，而在頭腦中便可以充分地進行了。

在迷惑時，試著想出最初的直覺

在被迫做工作上的決斷時，最初雖然都有某種程度的結論，但是後來往往變得沒有自信。

陷入迷惑的結果，往往是時間一直溜逝，無法釋然而落到胡亂做出結論的地步。

在此，即使是客觀地去看，其結論的正確性如何，仍有疑問，而且，還有一個是提出結論的本人完全沒有自信的問題。因為如果依照該結論來做的話，推動往後行動的能量將很難出來。

因此，當感到迷惑總是無法做出結論時，就依照最初的直覺，這多半不會有什麼大錯。就像「直覺不會錯」、「初衷」、「第一印象」等話語一樣，在人類的感覺裡，並不是只有理論性思考的推理而已，第六感的要素也是不容否定的。

與其馬馬虎虎地提出沒有自信的結論，不如相信「第一印象是正確的」，而作出直覺的結論，究竟哪一個較能對往後的行動注入活力呢？

由於其結論的正確與否已經決定了往後行動的大部分，因此，從一開始就做出正確的結論是很重要的。而自我暗示的做法便能夠導引出正確的結論。

例如，在解答取得資格的考試問題時，雖然認為這個是正確答案，但是卻在做各種考慮的同時，認為其他的答案似乎才是正確的。結果是完全混亂了，而不知哪一個才是正確答案，在這種情況下，多半是最初所選擇的答案才是正確的解答。

像這例子一樣，在萬不得已的情況時，特別不容易有冷靜的理性思考。在這些情況下，直覺往往是有效的。而直覺的正確性來自於過去我們的生活經驗的累積，它會本能地指示我們對該狀況的對應方法。

4 使自己沈靜的想法

如果認為「東京不行的話還有名古屋」，不安便會減輕

當人對某事失敗而感沮喪時，會陷入彷彿一切都失敗的，四面八方都滯塞不通的心理狀態，這是人類共通的心理。其原因是失敗經驗連接了欲求不滿，該欲求不滿引起了人類情感性的反應或各種退化現象。

所謂退化現象是指年齡倒退，變得像小孩一樣，對事物的應對不成熟之現象。具有退化現象的人，由於對環境的應對缺乏柔軟性，將導致無法做出適切的判斷。

避免陷入這種退化現象的方法之一是：對自己說：「東京不行的話，還有名古屋」，或「A不行的話，還有B」。當然不只是名古屋，還有大阪、廣島……，若能如此無限地考慮，將會產生沒有悲觀的必要之心情。

當認為「糟了」時，在一瞬間想想全然不同的事

我自開始開車起，至今已經三十年了。當我開始學開車時，前輩教給我的一句話，至今我都非常感謝並認為是很有智慧的話，那就是：「汽車發生事故時，務必先繞車子一周。」

例如，在駕駛時一邊的車輪脫落時，大部分的人會急著想去將它歸回原處，但是往往容易因此使後面的屁股撞上別的車子而引起另一個事故。

但是，如果在那麼做之前，先繞車子一周看看，不僅能夠了解整個狀況，更重要的是能夠讓自己驚慌失措的心平靜下來。

像這樣，當面對「糟糕」的事態時，藉著一瞬間的注意力轉換，可以對自己做有利的引導。在圍棋的元本因坊取了「電腦」之異名的石田芳夫先生，在其著書中這樣說道。

為了迅速恢復冷靜，在認為「糟糕」的瞬間，心裡要浮起和圍棋完全不同的事物。「試著想想高爾夫的事，麻將的事，看看房間裡擺飾的花，想想那是何科的植物？是幾年生？就在這麼做的同時，心情就會逐漸沈靜下來。」

此外，在某種局面做了使情勢逆轉的錯誤時，可以站起來，到洗手間用冷水洗洗臉，或眺望戶外，有人會因此而想到再逆轉的妙招，而獲得千鈞一髮之際的勝利。

當人認為「糟糕」的時候，緊張的程度會突然昇高，而陷入一種視野狹窄的情況。這種異常的精神性緊張如果不消除的話，平常可以看清楚的各種狀況將會變得無法看清。

當你認為「糟糕」時，可以藉著一瞬間在腦中浮現全然不同的事物，如此便可解除這種緊張。為了應付這種時候，應該預先準備容易想出的具體事物或印象。

被否定的印象所牽制時，不用「名詞」而用「動詞」來表達自己

由於職業的關係，我經常會和一些被臉紅恐懼症或自卑感所苦惱的年輕人面談。懇談之後發現他們多半是自己所認定而煩惱著那些無需煩惱的事情。在他們本人看來是相當嚴重的問題。無論如何，必需使他們從那種認定中解放出來。

在這種情況下，我經常使用的方法是：不用「名詞」而用「動詞」來表達自己。他們會說：「我是臉紅恐懼症」、「我是劣等生」，用「名詞」來表現自己，而創造自我否定的印象。亦即，自己將自己壓入自己隨意創造的整體性的商標中。

在此，應該改用「我在別人面前會臉紅」、「我做事比別人差」這樣的話來表現自己。於是便能夠了解到雖然同樣在別人面前，卻只在異性面前才會臉紅，同樣在工作中，卻只是不善於電話的應對而已。

亦即，試著將全體肯定所使用的名詞轉變成部分肯定時的動詞。如此一來，「也有……」這樣的事將會明確化，便能打破自己隨意創造的否定印象了。

當有自卑感時，將「我是」想成「我們是」

內向的女性在生過小孩後性格變得非常開朗，並能從過去的自卑感中超脫出來，這種例子似乎很多。

其原因之一當然是因為過去對自己過剩的意識已分散到小孩身上。另一個原因可能是該女性生了小孩，而使得「複數意識」覺醒的緣故吧！

心理學上稱之為擴散效果或稀釋效果。例如，將「我是」轉換成「一分之一」的數字，則「我們是」就變成「二分之一」以下、「無限數分之一」的數字了。這就是意味著：位於分子的「一」的「我」之比重變得無限地小了。

譬如，將「我的頭腦不好」的想法轉換成「我們的頭腦不好」，如此一來，「頭腦不好」所引起的自卑感便會減輕。像這樣增加自己的自卑感的「同伴」，可以將自己獨自煩惱的孤立感消除掉。

勉強自己認定「必須……才行」，反而會做不好

當夜裡睡不著時，愈是拼命地想「一定要睡著，一定要睡著」，愈是一直無法入睡，這是任何人都有過的經驗。相反地，如果對自己說必須徹夜工作，不能睡覺的話，睡意卻會不可思議地來襲。

像這樣出現了和意圖目的相反的結果，被稱為逆轉現象。勉強自己認定「必須成功才行」，會產生焦躁，往往反而無法成功。這也是逆轉現象的結果。

這是因為「必須做」的心情會驅使我們的自我防禦本能的反抗，而引起「不做也可以」的相反反應。做輕鬆的事或容易做的事時，可以輕易地完成，這種自我防禦本能不必作動，也不會產生不必要的緊張。

特別是人類在失敗或對未來感到不安時，很容易認定「必須……才行」，結果是和自我防禦本能之間形成了心理性的齟齬，而多半無法順利地進行。

在這樣情況下，勉強自己是必須避免的，而持有「即使失敗也同原來一樣，但總比不做還強。先試一下看看吧！」的輕鬆心情是比什麼都重要的。在無意識裡以這種心情去面對事情，會進行得意外地順利，這種經驗任何人應該都有過一、二次吧！

雖說如此，但並不是將事情等閒視之則凡事就能順利進行，若將「必須……才行」這種心理性緊張所引起的效果全部否定掉的話，那麼將無法寄望會成功。人類心理是相當諷刺的東西，太過輕鬆，反而會使目標變得模糊不清，而無法產生心理上的能量。

因此，將這種心理的緊張讓另一個自我背負著，自己本身則輕鬆地監督該工作的情況。如此一來，將可期待意想不到的成果。

用「紅色系」來達到積極，用「藍色系」來達到沈靜

希望藉著改變環境來恢復自信時，其在該環境中所使用的顏色具重大的意義。首先，從自然界的顏色來聯想，大略來說，紅色表示血或火，所以給人活潑、興奮的印象，藍、綠的系統是海或草木的顏色，所以給人沈穩、安定的印象。

更進一步細分的話，在調查各種顏色和象徵之結合的「色彩象徵測試」中，大部分的人都認為：紅色代表憤怒、興奮、嫉妒、焦躁、羞恥、愛、戀，藍色代表自信、理想、優越、憧憬、永遠，藍綠色代表夢、未來、理想、空想、憧憬，綠色代表自信、理想、鄉愁等等，這和來自自然界的聯想大約是一致的。

總而言之，不同的顏色對人類有全然不同的影響力，因此，為了某些目的而調整房間或

道具的色彩，應該是有效的。希望燃起鬥志就用紅色，想消除緊張、焦躁而獲得沈穩的心情，就用藍色，試著將壁紙或地毯換成合適的顏色，或是把工作場所換到有很多那種顏色的地方去。

第二章

正視難纏的事物

創造投入危機中的「強韌心」

1 試著接近難纏的事件

一旦想去看清不安的真面目，不安感就會消失

澳洲的心理學家亞爾富雷多·阿多拉因為研究自卑感而著名於世，他本身自孩童時期即被各種自卑感所苦惱。然而，當他想看清自己本身的自卑感，而致力於研究自卑感的真面目時，他自己本身的自卑感，卻不知不覺地消失了。

確實如此，我們的自卑感或不安多半是沒有實體的東西。不把這種曖昧不明的東西置之不理，而試著去追查其真面目，如此一來，不安的能量便會逐漸轉移至知的興趣上面去。而知的興趣通常需要冷靜，因此，那樣的不安便會不知不覺地消聲匿跡。

阿多拉的心理大概也是追尋這樣的過程吧！據說「魔由心生」，因為無法了解幽靈的真面目，所以人會感到恐懼，但是，當從你想去探究其真面目的瞬間起，恐懼感已經減半了。

在禪的修行裡也教人：「不安時，反覆地思考它，探究它而去除它。」從這個訓示中也

可以證明：探究不安的真面目具有消除不安的心理效果。

對於討厭的事物，思考是否真的討厭它，將會變得喜歡它

人類總是只喜歡去接觸自己所喜好的事物。然而，並不是所有的事物都能夠自由地選擇。因此，在現實中必須具備將「討厭」轉變成「喜歡」的智慧。

在此，先說一則我的經驗。現在我自認是一個高爾夫通，以前我原本對這種運動是毫無興趣，對於打靜止的球而感到有趣，我倒是覺得很輕蔑。

然而，有一次我被朋友強邀去，於是就以「沒辦法，只好試試看是否真的討厭它」的心情握著高爾夫球桿。結果在突然的一瞬間，我發現高爾夫有很多部分符合我的喜好。後來，自己也不可思議地變成喜歡打高爾夫的人，而我絕對不是特殊例子。人類的「喜好」、「討厭」之情感並不是絕對的。即使是你認為百分之百「討厭」的事物中，也一定包含著百分之幾的「喜歡」。

因此，可以用「試試看是否真的討厭它」的方法來試探你所討厭的事物。當你在討厭的事物中發現「喜歡的部分」時，「討厭的事物」會變成「不討厭的事物」，然後可以進一步轉換成「喜歡的事物」。

反覆去習慣該事物，可以消除棘手意識

談到對音樂喜好，有古典派、爵士派、流行派、歌謠派等等，彷彿政黨的黨派一樣，很多人都固守著自己的興趣。然而調查發現，像這種好惡也彷彿是創造黨派那樣什麼也不是的自我主張般，並不是確定不變的。

根據實驗發現，即使是屬於古典派的人，在多聽幾次歌謠之後，也會變得喜歡歌謠，反之亦然。

這被稱為「親密效果」。人類對於接觸次數多的事物，自然會產生習慣、親切的情感，而對於感到親切的事物，當然會持有「喜歡」的情感。

對人也是一樣，你認為討厭的傢伙，在見面次數多了或造訪對方的家庭之後，往往會產生親切感。例如，在我的朋友當中有一位男士曾公開表示：「當我覺得不喜歡某個傢伙時，我就一直和他接觸直到喜歡他為止」，而且切實實行。

確實，棘手的對象愈多時，人在世上就愈難生存下去，為了要過得更好，正是我們要實行上述作法的理由。

棘手或討厭的情感絕對不是先天性的東西，大部分是因為親密性不足所引起。處於黑暗

當中，最初會感到恐懼、不安，不久之後，由於眼睛習慣了或因為聲音、風等等的其他感覺，開始了解周圍的狀況，在此同時，不安便會消失。

同此道理，即使是棘手的人或工作，反覆地去接觸他（它）們，在逐漸習慣該對象的同時，可以了解到該對象的各方面，如此一來，棘手意識便會像謊言一樣地消逝無蹤。

不斷出現惡癖或失敗的人，試著有意識地反覆該癖好或失敗

對打高爾夫的人而言，當他來到曾經讓他把球打到禁打區的球洞時，那種「是否又會失敗？」的不安感便會立刻湧現。如果感到迷惑地揮桿，結果必然是又打到禁打區去了。這種情形不只限於打高爾夫而已，在我們的日常生活中也有很多這種例子，惡癖或失敗往往重複地出現。

特別是愈重大的事情，這種傾向愈強烈。這是因為由於失敗而喪失自信，而喪失自信使失敗重複出現。這種負面的自我暗示強力地作用著緊張的心。

要擺脫這種負面的自我暗示的方法之一是：有意識地重複該癖好或失敗。這是被稱為「負面強化」的一種逆療法。

藉著將錯誤徹底地意識化，來創造「無法順利地做錯」的狀態。

譬如，用打字機打字時，有人常會將 the 這個冠詞錯打成 hte，在這種情況下，雖然知道已經打錯，卻仍然故意練習錯誤的拼法，結果以後反而不會打錯。

當你無法擺脫頑強的惡癖或失敗時，不妨試一試這種逆療法。

即使棘手的事物一旦物理性的距離縮短，心理的距離也會縮短

在打高爾夫時，常有人把球打到水池裡。完全被棘手意識纏住，在可以看到水池的地方，儘可能地站在離水池很遠的場所，而且不往水池的方向打去。

然而，像這樣愈是遠離水池，愈是容易打進水池裡。有時，半好玩似地想著「既然球那麼喜歡水池，那麼開始時就打進去吧！」而向著水池揮出桿。

結果如何呢？球巧妙地避開水池而飛到理想場所。

事實上，在我們的生活中有很多像這樣的事情。在W・E・雷波爾多這位學者所做的「對話者的距離與性格的關」之調查實驗中發現，有自信的學生坐在離老師較近的位子，而沒有自信的學生多半坐在很後面的位置。亦即，人類會無意識地以物理性的距離來表達對對方的心理性之距離感或抵抗感。

將這種原理反過來想，則若要除去心理的距離（即棘手意識）時，不是遠離它，相反地

，要縮短物理性的距離。前述的那位高爾夫打者正是在不知不覺之中實踐這個原理。

試著思考「討厭」的原因，可了解到「討厭」不等於「不會」

當詢問小學生們關於討厭的科目時，他們所舉出的理由中以「因為不會」這個理由佔壓倒性的多數。就像這個例子一樣，我們常常會認爲「討厭」等於「不會」，任其更進一步發展的結果，將容易認為「因為討厭所以不會」。

但是，「討厭」和「不會」之間是否真的有如此直接的關係呢？就像有「因為喜歡所以做得很好」的話語，相反地，也有「本來做不好卻偏偏喜歡做」的說法，這兩句話並不是直接相等的。

首先，所謂「不會」，是客觀的能力問題，而「討厭」卻是主觀的情感問題。因此，「不會」和「討厭」應當有著各別不同的理由。

所以，如果有人認為「因為討厭它所以做不好」，那麽，此人最好試著去思考「討厭」的原因所在。

結果令人意外地，往往會找到「因為和該科目的老師合不來」或「因為做該件事需要很貴的工具」這種，和能力完全無關的理由。即使找不確切的理由，也可以藉此抓住切斷「因為討厭它所以做不好」、「因為做不好所以討厭它」這種惡性循環的契機。

害怕時，將它用話說出來，便能平靜下來

在實驗心理學之祖——威廉・文特所應用的心理學研究法中，有一種「內觀法」。這是一種冷靜地觀察自己的內心，而據實地將「觀察結果」報告出來的方法。模仿這種方法，將時時刻刻變動的心之活動情形據實地說出來，不斷地持續這種作法，心中的「芥蒂」將會不可思議地消除掉，同時，煩惱也將毫無產生的餘地。

例如，到陌生的場所而感到害怕時，不要讓害怕存在自己的心裡，而要「我實在好怯場，胸口噗通噗通地跳，眼睛似乎暈眩了，舌頭好像不聽使喚，喉嚨很乾」，這樣清楚地把感覺說出來。

如此一來，緊張感也會被放出外界來，心情將不可思議沈靜下來。

譬如，有這麼一個例子：美國一位頂尖的壽險推銷員在還是新手的時候，有一次在會見一位汽車業界的大人物時非常地緊張。然而，他卻坦率地告訴對方說：「我在看見您的當兒，緊張得說不出話來。」此話說出之後，恐懼感反而消失了。

這些都是「告白」奏效的好例子。

討厭的事物將其結果產生的東西反過來追尋，會變得不討厭

創造以條件反射為基礎的「行動主義」一派之美國心理學家華生，他曾經誇口說道：「給我一打孩子，不管是軍人、教師或推銷員，我將把他們教育成任何這種專家」。這句話有些自大，不過，他的方法確實有積極的一面。

例如，他製造了害怕老鼠的貓，使討厭狗的小孩變得喜歡狗。在討厭狗的小孩方面，他所使用的方法是，先給小孩小而可愛的像毛皮一樣的東西，讓小孩習慣它。

接著，讓他去接觸和這個毛皮差不多的小狗，然後再踏入逐漸接近真正大狗之步驟，並且每次都給他獎勵，結果訓練出任何大狗也不怕的小孩。

這個原理在現在仍被應用在臨床心理學的行動療法上。而在我們日常生活中也可以活用之。

亦即，如果怕大狗的話，也會怕小狗，就連對像狗一樣的小動物或毛皮也會表現出排拒心理。將這種心理反過來追尋，讓他去習慣和這種討厭的事物本體有關的，但較不會引起心理性抵抗的東西，亦即，從下位的東西起，逐漸去習慣高位的東西。

例如，經常有人因為討厭數學的計算問題，而變得討厭應用問題，更進一步地變得不喜

歡那些會出現數字的物理、化學和出現統計的社會科等等。

這時，首先讓他去習慣、親近位於下位的社會科之統計。因為在這個階段的抗拒感還很少，每次用功做完社會科之統計後，就自己給自己遊玩或好吃的食物當作報酬，如此下工夫強化自己，則在此階段就比較容易克服棘手意識。

接著，像理科的數的問題，也將步驟反過來追尋的話，則導致這一連串討厭的原因之「計算問題」本身，將可能變得不討厭了。這和鼓勵爬緩和的斜坡，終能登上山頂的登山訓練可說是相類似的方法。

對於討厭的事物，多接觸其相關的事物，會變得喜歡它

有時候我們不得不做某事，但是卻因為討厭它而一點也提不勁來做。我們偶爾會陷入這種心理狀態。像這個時候，我常會想起一則故事。

有一位公司職員因為一個小小的錯誤而被降職，他感到非常不平，連工作的精神都沒了。他每天恍恍忽忽地過日子，桌上堆滿了不能不處理的文件。

然而，他卻一點也不想去整理那些文件，用前任者留在抽屜裡的剪刀開始剪紙，然後丟到垃圾桶，幾天之後，他一來到公司自然就坐在桌前並伸手去拿剪刀，並且樂此不疲。很快

地，他開始備齊其他的事務用品，開始整理文件。

這個故事表示了，觸覺所引起的效果。譬如，在嬰兒時期，會用手去抓身邊的任何東西，並且放入口中試試看，這是因為嬰兒利用手和口的觸覺來辨別外面的世界。

隨著不斷地成長，視覺和聽覺也成為認知的手段加進來了，然而，接觸直接對象的觸覺仍然是最原始的，光是觸覺便使用了人類的本能的、感覺的部分，具有使人類活動的力量。

在應用這種心理的商業手段中，最常見的是百貨公司裡的實演販賣。客人首先看到賣者對該稀奇物所做的表演，然後賣者說：「來！請拿去看一看！」這是藉著讓客人接觸，使他們去親近該商品而創造出容易去接受該物的心理狀態。

如果將這種商業手段的原理意識性地應用在自己身上，那麼，便能像最初所舉的例子一樣，對於討厭的事物，藉著製造去接觸其相關聯事物或工具的機會，去習慣該事物，在此之間，即使討厭的事物也會變得喜歡，而抓到想做該事的契機。

對別人的說話提不起勁時，可以作筆記，進行對應作業

在聽別人說話時，當不喜歡說話者，或是對方說的話很難時，往往會感到煩躁或不安而完全無法把對方說的話聽進去。當然，也許是對對方所說的話毫無興趣，然而，多半的情況

是因為聽者本身的精神狀態不佳，提不起勁來聽而導致不必要的煩躁與不安。

這個時候，最簡單而且自然的方法是作筆記。當開始作筆記時，為了要去抓住說話內容的要點，將顧不到對說話者的感覺，而自然而然地去注意說話的內容，如此一來，不安感便會消失，而且變得很能夠了解對方所說的話。

這種作筆記的作法頗具效果的另一個理由是：原本從說話者到聽者這種單向溝通的方式，可以藉著作筆記而變成雙向作業，聽者的態度將轉向積極，不安或自卑的被動者姿態也會消失。

如此一來，更進一步地去同意和參與對方所說的話，便能強化自己立場。

經常製造自己的「敵人」會喪失做的意志

雖說：「人生就是競爭」，但是，競爭也有兩種。一種稱為拳擊型，是打倒對方時就決定勝負。另一種稱為馬拉松型，就像馬拉松賽跑、跳遠或擲標槍一樣，是和自己的最佳成績相對性比較之後才決定勝負。

拳擊型是將眼前的敵人打倒就算勝利，目標明確，所以容易施展出實力。有時，當碰到雙方不相上下的伯仲戰時，雙方往往都會使出超乎平常的力量來應戰。

創造「強韌心」的十條方法　3

即使是討厭的事情，只要將自己投入不得不那樣的環境中，便會自然地變成喜歡它。

相對於此，馬拉松型是和自己本身的孤獨戰，容易忘記敵人而不易發揮實力。因此，在馬拉松型的競爭中，必須想辦法意識性地製造敵人。在自己的腦海中想定具體的敵人，並試著和該敵人競爭。

在我們的工作中，有很多情形就像這種馬拉松型的競爭一樣，往往沒有眼前必須打倒的具體敵人。因此，必須在頭腦中想定誰是敵人，而傾全力來打倒這個敵人。因為，「不能輸給那個傢伙！」於是鬥志就產生了。特別是對那些必須孤獨作業的人而言，這可以說是一個有效的方法。

欲使失敗不致以失敗收場，應做「過度修正」

每個人在失敗時，大概都會引起精神上的動搖。如果這種動搖太大的話，容易形成不喜歡去回想該件事的狀態。然而，失敗的人，如果只是去迴避該件事，只是想去遺忘它，那麼，失敗就只能以失敗收場了。

為了不以失敗收場，首先，必須正視失敗並分析之，改正錯誤的地方。但是，並不是做精神訓話之類的事。而是使失敗不致反覆出現的技巧之一。

例如，棒球的投手在投完球下場時，會被要求坐在休息區的最前排，以便觀察比賽的經過，或是在投手練習區練習投球。這可以說是為了給予投手訂正投球的機會。

我也會在大學的期末考結束後，當學生們腦子裡還存有考試題目的記憶時，把該題目的正確答案發表出來。因為這可以讓失敗的人正視自己的失敗，在該情況下立刻訂正腦中的錯誤解答。

失敗的作用不僅如此，還能成為將來的存糧，有助於自信的培養。在行為修正的理論當中，有「過度修正」的想法，若能取用這種想法，則可以從失敗中獲得更多的東西。

例如，下場的投手可以訂正投手的球路，可以在比賽時練習投球以便增加投球數；學生答錯了考試題目時，不僅可以在腦子裡訂正其錯誤，還可以試著做其他類似的問題，要求自己做比一般的訂正更進一步的事情。

如此一來，將拜失敗之賜，給予更進一步提升自己的機會，每當失敗時就可增進自信，而真正地將失敗變成「成功之母」。能否使失敗不致以失敗收場，這正是人生的關鍵所在。

2 認定「現在是最壞情況」，往後將會變好

以「現在是最壞情況」視之，將不會變得更壞

我是英國大文豪莎士比亞迷，其作品中的『李爾王』是我自中學時代即愛讀的作品之一。其中有一幕是被挖掉雙眼的父親和化裝成乞丐的兒子在荒郊野外中相會的情景。

那時，兒子在百感交集下說了「現在可以說是最壞的情況，不會再壞了！」的名言。

當工作窒礙難行時，可以用這句話來鼓舞自己勇氣。不僅是我，世界上各個國家的各種人們，一定都會被這句話所鼓舞而恢復自信，衝破困難吧！

當我們在工作進展不順遂時，往往會無意識地將「最壞情況」的話說出口。

然而，這麼說的人絕對不是認為現在的事態是最壞的。正因為在自己心中某處還有可以對人說的餘裕，所以以「最壞」的話來拉起預防線，這是為了使自己不致陷入「最壞情況」而行使的防衛手段。此意思是說：「能夠說出最壞情況的時候，其實並不是最壞情況。」

「最壞」一詞具有「和其他事物比起來最壞」的意思。然而，使用這個語詞時的比較基準是曖昧不明的。若將此基準明確化之後，被認為「最壞」的事態往往反而是好的狀態。

如此看來，當您悲觀或失去自信時，與其胡亂地思考，不如把現在的狀態認定是「最壞的」，如此心情會比較輕鬆些。

當事態愈困難時，心中將沒有餘裕，「最壞」這樣的語詞愈容易消失，所以愈是在這種情況下，「最壞」的語詞愈是必要。首先，如果這樣認為：「最壞＝不會再更壞了，往後只會變好」，心理上就會產生安定感。這種心境的變化正是使事態轉好的強力原動力。

欲脫離絕望的狀態，首先必須自己本身接受絕望的狀態

英國首相邱吉爾是一位有很多小插曲的人，在第二次世界大戰前夕，流傳這樣的故事。在戰爭已無可避免的狀態下的某日，某位高級官員說：「我認為事態已經絕望了！」結果，邱吉爾卻沈靜地肯定說：「是的，無法言語的絕望。」然後加了「我覺得自己彷彿年輕了二十歲！」這麼一句話。

當我們陷入絕望的狀況時，總是想要去逃避它，或是想求助於他人或神的力量。然而，邱吉爾了解在那種消極的態度中會找不到解決的對策。因此，他把絕望當作希望並接受它，

欲藉此而喚起自己的勇氣。

在心理學上來說，絕望一事和接受絕望狀況一事，是完全不同的精神活動。接受絕望的狀況時，會客觀地看待自己所處的立場，而絕望時，卻已經無法客觀地看自己了。當你處於絕望狀態時，接受、承認絕望不但會使自己輕鬆些，而且可使自己踏出絕望之外。

積極地接受不安的某一部分，可使整體的不安好轉

試著分析那些陷於不安或自卑感的人，他們多半是將極小部分的失敗或恐懼擴大至全體（整體）來想。

例如，對工作沒自信而提不起勁去上班的人，調查其原因，多半是對今天的工作沒興趣、總覺得和部長處不來、和同事合不來，或是和客戶鬧得不愉快等等，把對工作某部分的沒自信擴大至工作整體上面，而獨自煩惱。

像這樣的例子，他確實對其中某部分感到討厭或抱持不安，但是，如果將它的部分也拿出來看的話，一般說來，往往反而能以正面的印象去接受它。

雖說如此，但是由於那一部分的負面已經顛覆了全體，所以那正面對他的行動幾乎完全沒有影響力。

創造「強韌心」的十條方法　4

擊潰棘手意識的最佳方法是不斷地去習慣它。

因此，為了脫離這種全體性的不安，就必須找出該全體性不安的理由，積極地去接受該某部分的不安。然後，就會產生心理學上所說的「對比效果」，在其他的部分，即使有不安，那種不安也會感覺輕一點，而只要有正面的一面，該正面感覺上會顯著許多。

亦即，經由積極地接受某種不安，「反之」就了解，其它的部分並非也是如此，那些總和起來之全體性的不安便會輕很多，而轉為正面。

譬如，不喜歡上班的最大理由是因為和上司的部長不投緣。

這時，就應該積極地接受「那個部長的內心確實難以捉摸，我不可能會喜歡他的！」這樣的事實。

於是，在此，「對比效果」亦即「反之」的理論便會開始作用，「反之，在其他方面，公司裡有可愛的女孩，同事們也不錯！」然後，自己的內心便會向著消除整體性不安的方向移動過去。

自己切斷所有的退路，有助於增強意志

古時候，某個軍隊為了一舉挽回劣勢而乘坐全部的船登陸敵陣。在這個只有萬分之一成功可能性的作戰中，該軍隊的指揮官下令燒掉所有乘坐過來的船隻。「因為船已經燒掉了，

我們唯一可以生還的路就是打敗敵人！」就在指揮官這句話下，士兵們鼓起勇氣迎向敵人，終於獲得輝煌的勝利。

這是因為在面臨危機時，佈「背水陣」的作戰方式奏效所致。在我們的日常生活中也有這樣的例子。意識性地切斷自己的退路，將自己逼向只能向前前進的狀態，反而能逆轉不利的狀況將事情導向成功。

一般說來，人在處於不利的狀況時會變得不安，而事先想好許多種退路。當似乎會被公司解雇時，就急忙地想要去找別的工作，或去索取就業指引。

這種行為可以取得心理上的平衡。然而，像這樣的安全閥，很容易使我們的安適和意志減退，可能使結果不成功。因此，在面臨危機時，自己切斷所有的退路才是最佳之道。

放著不管眼前的雜事只會增加精神緊張

在我的好友中有位大企業的部長，他使用筆記本的方式很特別。在那日記型的筆記本中，當然有記載所有關於工作的預定事項，就連身邊各種瑣碎的雜事也都用小字寫在裡面。

已經處理過的事就用簽字筆一一地劃掉。雜事的記錄，對大公司的部長而言根本是不足掛齒的，然而他卻連「買一箱七星汽水」之類的小事也記在裡面。

我曾嘲弄他說：「您真是無所不記呀！」他卻很正經地回答：「不，如果把瑣事置之不理，就會覺得還有事情沒做好而使工作效率無法提高。」

美國的賓西法尼亞大學醫學部教授史托克博士，把「對於需做的事而未完成所引起的緊張」和神經衰弱聯想在一起。他認為不管別人看起來是多麼不足取的雜事，只要一注意到，就應該即時處理，才能集中精神在本來的工作上。當因為很忙而無法即時處理時，就像前述的部長一樣把它記在筆記本上，如此才能從雜念中解放出來。

透過工作來消除工作上的疲勞是最佳作法

您可能會把工作認為是遊玩或休閒的「相反詞」，而把它看成是辛苦或疲勞的代表吧！因為工作疲勞而認為必須用遊玩或娛樂來消除疲勞才行，然而卻往往因為拚命地享受休閒，反而帶著疲勞而歸。

事實上，適度的勞動不但不會使人疲勞，反而會使人的頭腦和身體恢復精神，具有使人有生氣、有活力的作用，這乃是心理學上的常識。

例如，美國某位學者認為：大部分發出「累死了」之不平的人，並不是真的疲勞，與其讓他們休息，把他們從病態的緊張中解救出來，不如透過工作來解放這種病態的緊張。

在心理療法中，有一種作業療法。它是著重於透過除草、掃除、作農等工作，將異常的精神性緊張解放出來，而找回自己。如果冗長不休地持續做同種類的工作或讀書，確實沒有意思。但是，假使利用做其他的工作來消除某個工作的疲勞，那是更具生產性而且合乎道理的方法。

人類往往會在打算投入一件事時又想到還有其他許多事情是非做不可的，而經常煩惱東、懊惱西。在高中時代，大概每個人都會有必須準備考試卻又不忍心放棄社團活動而感到煩惱的經驗吧！在這種情況下，人會動搖其所針對的對象，無法將全力用在某個對象上，而導致兩者做不好。關於這一點，讓我想起了作家半村良先生的話。他經常對不知工作好還是喝酒好而感到迷惑，結果是下定決心痛飲一番。

於是，在宿醉的腦海中，「後悔荷爾蒙」之類的活力劑湧現了，「不能再這樣下去了」，便猛然地湧出了工作的意志。

這種現象並不是半村的特例，例如，即使是碰到了社團活動和讀書的兩難問題，徹底投入社團活動學生往往能意外地得到好的考試成績。

由於已經徹底投入一件事情中，便處於無法後退的立場，此時這種被逼到走頭無路之困境的心理，正是驅策此人去進行下一個行動的起爆劑。

3 使不安或煩惱感覺輕一點的方法

將失望或不安誇張化、滑稽化，可使感覺輕一些

我的一位漫畫家好友，當他在想不出好的靈感而苦思不已的時候，他會在三歲兒子面前做一些翻滾、扭轉等滑稽的動作。當他看到兒子因為父親的滑稽姿態而洋溢出樂不可支的笑容時，自己就會覺得奇怪自己究竟有什麽好不安的呢？

就這樣重新掌握了找出靈感契機，這是非常高明的轉換情緒之自我暗示術。

深刻如果超過了某個界限就會變成滑稽。這種事實常可在喜劇的舞台上看到，然而，在現實的悲劇中，如果誇大地表現該件事，也會變成喜劇。

假定您做某事失敗了，如果您將這個事實誇大地想成「如果知道這個失敗，全世界的人會為我感到悲傷吧？」、「就是這個失敗會被當作我人生唯一的、最大的失敗而留在歷史中吧？」把現實想成非現實。如此一來，悲劇也能轉化成笑話，而產生了餘裕使自己能夠輕鬆

地再思考。

有一首歌名是「微笑，此世即為天堂」。將失望或不幸更誇大地想想，使之滑稽化，那麼感覺會輕鬆許多。只有笑才是將您從現實的深淵中解救出來的戰友。

利用自己的球場可以克服棘手意識

在『積極力』中也舉過同樣的例子。在棒球界的各球隊中，巨人隊有後樂園，阪神隊有甲子園，西武隊有西武等等，各隊各有自己的棒球場。當然，在自己的球場比賽比在自己球場以外的球場比賽的勝算機率高。

因為在自己的球場有球迷的聲援，選手熟知球場的場地和地質。而且在自己的球場所產生的精神上之安定感，對選手的心理有好的影響，可以完全發揮平常的實力。換言之，比賽的場地對自己而言具有親切感，能給選手產生自信，帶來好的結果。

這種自己球場的心理，不限於棒球，在工作場所也經常有意識或無意識地被使用。

例如，在招待客人的情況下，可以用「接著帶您去我常去的店」的話，把對方帶領進入自己的領域去。

如此一來，就不會被引入對方的領域，能夠使事情以自己步調來進行，而產生安心感。

因此，在和棘手的對手會面時，意識性地構築自己的球場，也是克服棘手意識的一個有力手段。不管是哪裡都好，只要把自己喜歡的場所自我暗示成自己的球場，將對手邀到那裡，便可以克服對對方的棘手意識。

譬如，在考試場中，帶去自己用慣的鉛筆和擦子就不緊張。這也可以說是藉此來製造對自己而言是親切的空間，是一種自己球場意識的表現。

像這樣，把平常倍感壓迫的棘手對手用自己和那些強力的軍援包圍起來，這種心理效果可使自己產生強烈的自信。

利用自己情況最佳的時間帶來做棘手的事情

每個人都有自己最得意的「時間帶」。有從早上到中午情況很好的早上型，有不到午後就提不起勁的午後型，也有別人都睡了才生龍活虎的夜間型。各種型的人都有。但是以早上型的人佔多數，這型的人在上午的情況最佳，到下午二點時的情況最差。

我個人是屬於早上型，但是如果能了解自己狀況最佳的時間帶，在該時段做事，最能夠提高工作效率。

譬如，被人委託做某件自己提不起勁的事時，可在前一天早一點就寢，攝取足夠的睡眠

創造「強韌心」的十條方法　5

即使是棘手的事物，只要縮短物理性的距離，便能縮小心理性的距離。

，然後在天剛亮時起床做該件事，往往會做得特別順手。假使被白天就該工作、晚上應該輕鬆早睡的機械式作息觀念所束縛，即使想提高效率，也不過是胡亂地讓時間溜逝而已。

當然，由於肉體的、精神的情況不同，早上的人也可能會在過了中午之後情況才轉好。只要找到自己情況最佳的時間帶，在此時段做自己不拿手的事情，那麼該事情就會變得不再那麼棘手了。

深受棘手意識所困擾的人，一定要打破機械式的作息表，試著在自己最佳狀況的時間帶來擊退那些棘手意識。

在週末做不喜歡的事情，效果較佳

在爬山時，當看見山頂時，人會像忘了之前氣喘吁吁的樣子，突然恢復了力氣，這大概是每個人都有過的經驗吧！在克雷佩林氏檢查（Kraepelin Test）（心理檢查法之一）中也有同樣的現象，大抵是當作業愈接近結束時效率愈高。

那是因為作業即將完成的心理安定感影響了作業的效率。在心理學上稱為「終末效果」。我認為在這個名詞中含有另一個意義。

我稱之為「週末效果」，一般認為在一週中，在臨近週末、週日的星期五時，原本低落的工作效率將會再度提高。

就像俗稱的「週一病」或「藍色的週一」一樣，假期結束的無力感和「這週又必須工作一週了……」，這樣的心理重壓感交迫而至，所以星期一的工作效率不高是很正常的事情。星期二，這種朦朧茫然的感覺暫時停息，氣力逐漸充實，進展到星期三、四，工作效率又逐漸下降。但是到了星期五，「本週快結束，可以休息了！」，這樣的「終末效果」開始作動，於是工作效率便會突然提高。

我所說的「週末效果」就是要好好地利用這種原理。

為了要更有效率地使用一週的時間，應該把拿手的工作安排在週一到週中，而把不喜歡的工作儘量安排在週末來做。

我個人也是儘可能將作息時間表做上述的安排。因為有「只要此事做完就能休息了」，這樣的報酬效果在作動，所以即使是對不感興趣的事也能意外提起意志，而使該工作得以順利進行。

此外，將討厭或不拿手的工作安排在星期六來做，即使工作進行得不順利，還可以明天（週日）再做，所以會有安心感，能夠沈著下來，反而有利於工作的順利進行。阻礙工作效率的元兇之一是「焦躁」，由此看來，「週末效果」似乎是可以好好地加以利用的。

在做討厭的事情時，先做喜歡的事

對於一個業務高手而言，往往能使顧客去注意他原來根本不想買的東西並且買下它。他們說服客戶的話語談不上是天花亂墜，但是因為他們精通人類心理的微妙，所以能夠巧妙地說服顧客。

在他們的說服功夫中的共通點是：首先是聊聊天氣，說說家庭，談一些不會得罪人的話語，藉此來讓顧客接觸那些必須回答「是」的問題。

當顧客對做「是」的回答沒有抗拒感時，再逐漸碰觸問題的核心。最後，終於讓對方點頭說「是」，而買下他不需要的東西。

這是應用心理學上所謂的「心理準備」的方法。當從事不喜歡的工作時，如果意識性地應用這個原理，可以減少抗拒感，使工作順利地進行。

例如，在資格取得的考試，如果有棘手的科目，就先唸自己最拿手的科目，以便做好唸書的「心理準備」。在作家當中，許多人在寫自己不感興趣的稿子之前，往往會做一次特別的旅遊。這也是一種使自己的心情轉向工作的自我暗示法。

這種作法不僅具有消除抗拒感的消極效果，而且還有鼓舞心情的副產物。換言之，可以說是一種「助走效果」。先做容易的、輕鬆的事，逐漸整頓心情，然後乘著該氣勢，一口氣把討厭的工作處理好。

在解答考試問題的時間，常會說「先從簡單的題目做起」，這也是因為重複累積成功經驗，當助走的速度形成時再面對難題，則即使再難的題目往往能迎刃而解。

在開始工作之前凝視某物，可提高心理能源

據說法國畫家塞尚在創作時，會握著筆持續注視對象約數分至數十分鐘左右，然後就思路泉湧似地揮灑起來。

即使不是像塞尚那種高度創作活動，一直凝視某物來提高心理能源的方法，也可以充分應用在我們的日常生活中。

例如，在工作之前，無論如何都提不起勁，或被中途可能失敗的不安所困擾時，可以試著暫時一直注視著書桌上的文件或牆壁上的某一點。如此意識性地製造狹窄視野，可使意識集中於某一點而使精神統一，然後就能產生對該工作的關心和意願。

在催眠誘導時所使用的凝視法也是同樣的原理，為了將人誘導進入催眠狀態，會讓被催眠者凝視著蠟燭的火光或手指尖的一點。藉著使視野極端地狹窄化，將意識範圍縮小，而使

精神極度地集中。

在工作的情況下，如果能利用這個原理來集中精神，使心沈著下來，便不會受到周圍雜音的干擾，而能充分地湧出工作的意願。

快節奏的音樂可以給人活力和自信

在運動會或競技會中，如果配合著雄壯的進行曲進行的話，身體中會充滿活力而湧出「衝啊！」的鬥志，這大概每個人都會有過的經驗吧！自古以來，在戰地鼓舞士兵的軍歌都是強而快節奏的音樂。舉身邊的例子來看，在街上的柏青哥店裡，如果播放有名的「軍艦進行曲」，總覺得手指的動作似乎變快了，鋼珠似一直要滾出來。真是不可思議。

就像這樣，快節奏的音樂具有給人活力與自信的作用。如同祭典、舞蹈或太鼓中所看到的一樣，當人類進入振奮的心情或活躍的心理狀態時，會促進心臟、血管和內分泌腺的活動，身體自然會有節奏地動起來，並且想發出聲音，而達到表裡一致的事實。

反過來想，假定在心情沈悶的時候，藉著聽聽快節奏的音樂，應該能夠提振心情而產生做事的意願。就像詩人荻原朔太郎所說的：音樂能使人捲入感情中，能使人的心情快樂起來。音樂在其物理性的振動可以直接刺激肉體，似乎是特別強的。

單調的音樂或刺激可以鎮定興奮的神經

一位經常抱怨夜晚睡不著的朋友卻不可思議地在電車中熟睡了。我想每個人一定都有一、二次類似的經驗吧！

那麼，為什麼電車中適合睡覺呢？大概和電車車輪的聲音及搖晃身體的振動有關吧！再考慮其他的條件，不管是周圍的嘈雜、太亮的光線或坐著睡的不舒適等等，都是不適合睡覺的條件。

事實上，像車輪的聲音和微小的振動這些單調的刺激不斷地重複著，可鎮定人類的神經，具有使全身鎮靜下來的功用。單調是變化或變動的相反詞，變化或變動會產生精神性的緊張，相反地單調卻會引起精神的弛緩。

對於吵鬧的嬰兒，把他放在搖籃裡緩緩地搖晃，不久就會停止哭泣並且睡著了。西洋人自古以來即非常愛用搖椅，這也是因為那種反覆搖動的舒適感使人感到愉快的緣故！

此外，過去在高速公路的上下路線中間隔地種植樹木也成了一個問題。由於過於機械式地採取等間隔的種植方式，給駕駛人的眼睛帶來單調的反覆刺激，恐怕導致駕駛人開得睡著了。

因此，意識性地使用這種聲音或振動的單調而反覆的刺激，是比吃鎮定劑更有效的精神安定劑。

傾聽時鐘的擺錘、雨滴、節拍器或音樂上所稱的行板或柔板等沈靜的曲子，在不知不覺中，心情便會沈靜、平穩下來。

精神無法集中時，將不必要的事物置諸身外

我們經常會聽到有人因為對工作提不起勁、無法下手而煩惱。為什麼自己沒有集中力呢？已經把意識轉向集中精神一事了，而事實上卻沒有使頭腦進入工作中。

像這樣的人最好仔細巡視一下自己的工作場所。那些無法集中精神的人往往在桌子四周堆滿了許多不必要的東西。

對人類而言，注意力散漫原本乃是為了回應其環境之需要而引起的正常反應。為了在自然的環境中生存下去，必需不斷地注意周遭的狀況，這種防備外敵的性向，就是身為高等動物的人類也不能遺忘。因此，在不習慣的環境或氣氛不對的場合時，把注意力轉向和想做的事毫無關係的夾雜物上，是當然的現象。

這時，唯一的方法是除了當前的目的所必需的東西以外，不要讓眼睛去碰觸其他的事物

創造「強韌心」的十條方法　6

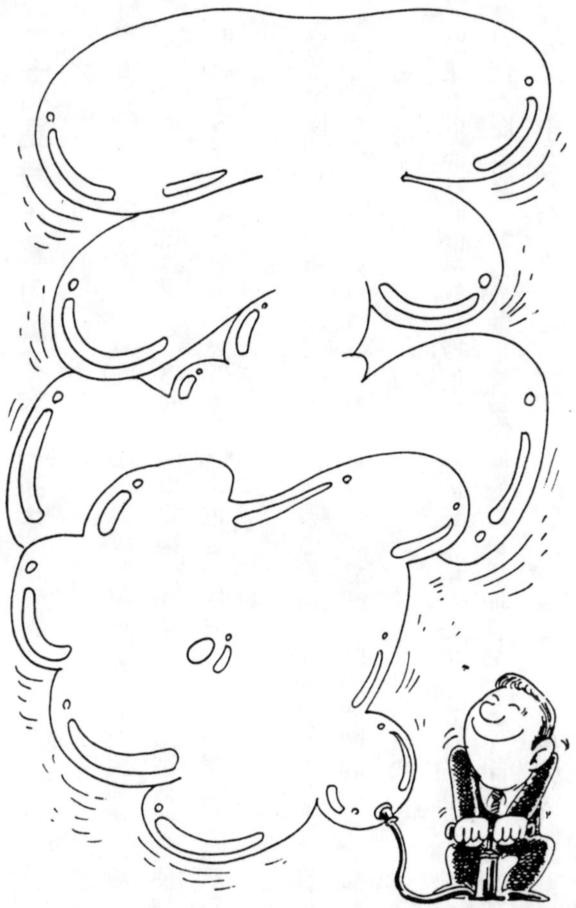

對於失望或不安，若能將它誇大化、滑稽化，會感覺輕許多。

。只要不去看，那麼多餘的東西應該就能從意識的視野中消失。

四周比桌上明亮時注意力就不容易集中

為了對某個對象持續保持注意，最好的方法是對該對象抱著強烈的興趣或關心。在注意力無法集中的狀態時，為了想對原本不感興趣的事物集中注意力，必須製造能夠使注意力集中的環境。把四周容易分散注意力的夾雜物移開，也是一種方法。但如果無法做到時，該怎麼辦呢？

原則上要使周圍的東西變得不醒目、不刺眼，要做到這一點的具體方法是，從照明的方面下手。當我們在考慮工作場所的環境，總認為愈明亮愈好，就連周圍的牆壁也設計得很明亮。

然而，根據東京藝大的櫻林仁教授的『生活的藝術』一書的說法，白色的牆壁會使瞳孔縮小，干擾視覺，而造成注意力分散。據說照明的效果增加百分之五～十時，人類的工作效率就降低百分之二十五左右。

亦即，周圍太明亮時，注意力就不容易集中。因此，利用單點照明只把必要的部分照明亮，對於集中注意力是很有效的方法。

產生焦躁時，周圍不要放置時鐘

人類是很容易焦躁的動物。在每個人的體驗中，這是不容否認的事實。但是，其他的動物究竟有沒有這種「焦躁」的心理狀態呢？

由於無法詢問動物，所以無從確定，不過，詢問動物學的專家們之看法，認為動物大概沒有像人類那樣的焦躁方式。

在動物之中，為什麼只有人類會具有「焦躁」這樣的情感呢？其答案恐怕要歸咎於時鐘的發明是否錯了？

為什麼這麼說呢？因為動物或多或少都有符合自己身體韻律的生物時鐘之類的感覺，而據此來決定所有的行動。

相對於此，人類因為時鐘這種機器的發明，而持有物理性時間的概念。我想一定是從那時候開始，人類就忘了自己身體內的「時間」，而被機械創造的時間所束縛。

結果便產生了效率的概念，注重物理性時間內的生產量或達成率，於是產生了「焦躁」的心理。換言之，為了效率，人類將背負「焦躁」的重擔。

因此，為了切斷「不提高工作效率工作就無法順利進展」的「焦躁」心情，必須忘了報物理時間的「時鐘」這種機器的存在。

為了達到這一點，將自己周圍的時鐘除去乃是一種方法。沒有時鐘時，就可以完全按照自己的步調來生活，如此一定能從不必要焦躁感中解放出來。

誠如「欲速則不達」這句話一樣，若能意外地使效率提高，那麼將可掌握到恢復自信的契機。

4 反過來活用缺點、弱點

試著想想「正因為不得意才能轉變成大得意」的事實

以前一位老師曾經對我說：「只要將垂下的頭抬起來，那麼，不得意就變成大得意了！」他這句話的意思是說：不得意和大得意只是一畫的差異而已，將「不」字的那一豎看成垂下的頭，然後把它往上抬起來，就變成「大」字了。

事實上，他這種奇妙的比喻，從心理學上來看並不見得不恰當。在人類的心理上有所謂的「過補償」作用，這種想要補償弱點的傾向，有時候會在補償該弱點之後出現流通過剩，而飛躍地延伸至正面的方向。

經常被當作這種過補償的典型例子是雄辯家迪蒙士丹尼斯。他在少年時代深受重度口吃所苦惱，在他努力治療口吃的時候，不但治癒了口吃，更因而成為世界上家喻戶曉的說話藝術大家。

因此，如果您想從不行或棘手的事情上超脫出來的話，經常想想「正因為不得意才能轉變成大得意」這個心理學上的真理，乃是一個有效的自我暗示方法。支持人不斷努力的正是這種強而有力的精神支援。

與其勉強想改正缺點，不如試著巧妙地活用缺點

任何人都會在意自己的缺點，只要能改都會想去改正它，這是人之常情。有名的思想家美國詩人愛默生曾說過：「沒有人有無用的缺點。」缺點和長處往往是背對著背。

由此看來，與其勉強想改正缺點，不如想想可否巧妙地活用它，才是比較聰明的做法。事實上，藉著努力地注視缺點，可以提高自己，使其轉變成別人所無法模仿的長處。這種例子不勝枚舉。

例如，在美國的女性中有這樣的例子。一位自懂事以來就一直為臉上的紅痣而苦惱的女性，她極度陷入了對人恐懼症中。當有人來家裡拜訪時，她總是把自己緊緊關在自己房間裡，絕對不讓人看到她的臉。

在那樣的日子裡的某一天，由於母親的一番話使她發憤起來，她想如果是治不好的缺點，那麼是否有活用它的方法呢？她借助了很多化學家的幫忙，終於成功地製造出可以掩飾紅

痣的特殊化妝品。後來，她到全國各地去實地展示這個化妝品，解救了許許多多和自己有相同煩惱的人，並且獲得巨額的財富與名聲。

黑澤明注意到名不見經傳的新人三船敏郎那種粗糙、不細密的演技缺點，而將他培植成一顆閃亮的明星，這是大家所熟知的事情。一些在培育新人方面深受好評的棒球教練，也是藉著活用新人的缺點使其擁有獨具的特色，而將他培植成一名大將。

如果您正為自己的缺點而苦惱，與其想去改正它，不如先試著想想可否巧妙地活用它。就像「轉禍為福」這句話一樣，您將會發現自己的缺點正是了不起的長處。

如此一來，才能找回真正的自己，那麼才有可能去追求財富、名譽等等自己所希望的東西。

將不拿手和拿手的事情看成相關聯的，會變得喜歡它

從前，有一位歌舞伎的老演員在第一次去看棒球賽時，在某位打擊者打出內野滾地球，而內野手漏接造成內野安打時的瞬間，正在傾聽朋友解說球賽情形的老演員說：「難怪如此，那位選手因為著慌而把臺詞說錯了！」

像這位老演員一樣，在接觸自己未知或不拿手的事情時，我們都會將它引到自己熟知或

拿手的領域來理解它。反過來，如果將不拿手的事情放在不拿手的領域想來理解它的話，那麼將永遠無法理解，而無法克服不拿手的情形。

因此，對於為不拿手的學科而苦惱的學生，我建議他們首先應該使它和拿手的學科關聯在一起來看。

例如，對於討厭數學、理科的學生，試著問他有沒有什麼拿手的學科。所謂「不拿手」乃是和「拿手」比較之後的結果，所以應該會有一、二科拿手的學科。如果他說喜歡國文的作文，就讓他養成把數學或理科的東西寫成作文之習慣。

事實上，在忠實地實行之後，在幾個月後，對數學、理科的棘手意識將會完全消失，成績提高到連本人都會感到驚訝程度，這種例子也不在少數。

不限於這樣的例子，如果試著去觀察我們對某事感到不行時的心理狀態，會發現我們已經產生對該事的距離感及抗拒感。因此，首要之務是除去該距離，這是使自己對該事變喜歡、變拿手的第一步。

而其方法之一就是：使它和自己拿手的事情關聯在一起。如此一來，不拿手的事情就會混在拿手事情的氣氛中，不僅能使棘手意識逐漸消去，也有可能反過來變成喜歡它。

平常愈是讓不拿手的事情和拿手的事情深深地關聯在一起，那麼，不拿手轉變成拿手的程度就愈深。

不過度深知也是使自己不害怕的一種智慧

在某個音樂比賽的學生部之競賽中，小學低年級的少年擊敗了大學生或高中生並列的好手，獲得優勝。

在音樂或美術等藝術的領域中，確實有很多人具有和經驗年數不成比例的天賦才能，除此之外，這位少年對於該場比賽氣氛的重大性、名譽或得獎欲望全然無知的無心態度，使他能保持自己的步調，充分地發揮實力，這也是不能忽視的。

所謂「無知強大」、「不知道不煩惱」，在人類的心理當中，似乎確實有「因不知道而強大」、「因太知道而弱小」的現象。

在心理學上，將不了解環境或對象的情形稱為「認知的未分化」。相反地，如果認知的分化過度地進展，便會陷入關心目的以外的要素中，反而無法發揮應有的實力。

由此看來，在對對象有某個程度的了解後，不過度深知，也是使自己不害怕的一種智慧。面對資格考試時，與其去了解競爭率如何，出題傾向如何，成為周邊情報的「情報通」，不如活用「無知的強大」，排除雜音，貫徹自己步調，反而能夠發揮實力，得到好的成績。

5 擱置、改變態度的技術

明瞭「擱置」的技術，可消除煩惱

有些人總是鬱悶、煩惱不已而完全不能採取行動。問其為何不能採取行動，則回答因為考慮了很多。然而，像這樣的例子，往往不是「因為考慮所以不能」，而是「因為不能所以考慮」，亦即，為了「不能一事」的正當化而考慮。

因為「不能一事」而考慮的話，就會變成為了「能」而「不考慮」也無所謂了。當然，雖說是「不考慮」，那麼，完全不考慮應該就無法採取正確的行動。在這裡，所有的問題是：不可能全部的事情會被考慮到。因此，在某種程度下，將問題「擱置」，乃是使自己不煩惱或鬱悶的良策之一。

人類中有衝動型和熟慮型兩個類型。衝動型的人反應很快但錯誤比較多，熟慮型的人反應慢但錯誤較少。二者都是一長一短，然而藉著「擱置」的技術，應該能夠使兩者取得平衡

創造「強韌心」的十條方法　7

膽怯時，將它用言語說出來，可以冷靜下來。

。雖然因事情的輕重緩急而有所不同，但是，試著在考慮一定的時間後，停止考慮而轉向行動。所謂「擱置」並不是要將該問題遺忘掉，所以，即使再憂慮型的人，應該也能因此而安心地轉移到行動上。

試著徹底從該處離開，即使不想做的事也會變得想做

以前，在我看過的電視劇場中也有非常好的傑作。那是某家公司的故事。在這家公司裡有一處稱為特別室房間。裡面擺了圍棋、麻將、象棋、撲克牌等等，遊戲的道具應有盡有。被命令在此房間執行勤務的人，一天當中可以儘情地做自己喜歡做的事。

但是，在這個房間裡規定一件不能做，那就是「工作」。不管做什麽都好，就是一秒也不能做工作方面的事情。

結果，被命令在此房間執勤的人，後來如何呢?最初，不論何時這樣的勤務都是最受歡迎、最享受、最能夠偷懶的事情，然而，不久之後，卻變得不工作會受不了。

對人類而言，任何人都會有自我實現的欲望，都會有為了對自己或為了對社會有用而想提升自己的基本慾望。這個電視劇敏銳地表達了:將人類的自我實現之欲求暫時完全切斷時，可增強該欲求而產生做的意志。這一點讓我很欽佩。

利用與此完全相同的想法而在神經症的治療上頗有成果的是世界上有名的森田療法。這是森田正馬先生在一九二〇年左右開發出來的方法。其基本的想法是「隔離療法」，禁止一般人類所進行的全部活動，而被命令只能橫躺在床上。結果，大部分的人在經過迷惑、痛苦和苦悶之後，會突然撥雲見日，湧生衝勁十足的幹勁。如果，你對某事提不起勁、喪失意志時，可以像這些例子一樣，試著徹底地遠離該事。試著忘掉工作，忘掉金錢的事，好好地暢遊數日，那麼，在你的心中反而會充滿對該事的意願。

因為太在意缺點而喪失自信時，試著改變態度

這是一位被稱為賭徒的男子，某日突然戒賭的耐人尋味故事。這位男子過去也曾數度想戒賭，但是愈努力的結果卻是對賭博愈陷愈深。

但是，他厭煩這樣的自己而發脾氣地說：「我絕不再想洗手不幹的事了！」接著就把銀行的存款全部領出來，當眼前放著一捆鈔票時，他突然不可思議地不想賭博了。

在人類的心理中，如果勉強去抑制想做的事情，心理的能量將被堵住而使得欲求逐漸增強。在此時，如果暫時將抑制去除掉，欲求將被解放而不致爆發。

這個例子也是在「不管變怎麼樣都無所謂」，這種改變態度的同時，心理的能源被解放

了而得以改掉長久以來的惡習。像這樣，當您因為在意自己的缺點或惡癖而煩悶不安時，反而不要去抑制它，試著去死心一次看看。有句話說「正因為拋棄生命才有出頭的日子」。可以說捨棄自己正是使自己重生的巧妙心理技法。

擔心成功與否時，就對他人宣佈自己的目標

過去美國棒球界的全壘打王貝比魯斯是一位罕見的棒球好手，他留下了許多傳說及小插曲。其中頗有名的一則傳說是：在某次比賽中，他指著中間方向說：「往中間方向打一支全壘打吧！」結果真的如他所說的方向打了全壘打。

雖是難得一見的大天才，然而在說該句話的同時，貝比魯斯並非有百分之百的把握吧！應該說他是想藉著該宣言把未達百分之百把握的不安部分埋藏掉，以便實現全壘打的結果。事實上，不管是什麼事，當我們想達成目標時，在他人面前把該目標宣佈出來，往往能夠使效果提高。

我稱此為「宣言效果」，一旦在別人面前做了宣言，往後就只能前進了。藉此可以產生向目標努力前進的能源，並且產生自信心。為了使這種效果更明顯，當然是對愈多數人宣佈愈好。從這一點看來，過去世界重量級拳擊冠軍的穆罕默德•阿里，透過大眾傳播在比賽前宣稱「三回就可以打倒對方」之類的做法，的確稱得上是充分利用「宣言效果」的專家。

第三章

凡事用心看、用心想

創造化危機為轉機的「強韌心」

1 強化自己想法

經常將身邊發生的事情解釋成最符合自己情況

希望結婚當天是好天氣，如果是下雨的話，你會以什麼樣的心情來接受這個事實呢？如果是對婚姻生活有自信的人，一定會認為「雨後土地變堅硬」，而覺得是一個好兆頭，好的開始。

然而，像這種在客觀上無法改變的事實，對於婚姻生活沒有自信的人，可能會想「兩人的感情會不會像這場雨一樣地流逝呢？」而認為是不吉利的前兆。

就像自古以來常說的名言「凡事用心想想」一樣，在這個世界上，凡事都會隨著想法而光明或晦暗。在失敗或不安時，特別容易往灰暗的方面去想。如果事實是無法改變的，那麼，往光明的方面去解釋，比較能夠使自己的心情輕鬆些。

也許正因為這種心情的轉換趕走了不安感而左右了將來的情況。這麼說並不誇張。

下雨或晴天，婚姻生活能否美滿，完全在於站在新出發點的本人的心如何看待它。在本章我想告訴讀者：藉著「用心看、用心想」，將事情導向正面、創造「強韌心」的方法。

從別的觀點來看待評價的基準，可以反轉不好的評價

近來，中學生自殺的案例不斷地增加。據說很多是因為深受成績低下或考試失敗的苦惱所致。這可以說是將「成績」這種單面的評價錯認為是對自己的全部評價，所導致悲劇。

確實，在現今這種重視成績、偏重學歷的時代裡，叫人不要去在意成績是不合情理的。然而，如果能夠想想除了成績的評價外，還有其他的評價的基準，那麼，應該就能夠避免陷入這樣的悲劇中。

例如，過去在中國，完全不做「成績」的評價，進入上級學校是採用由同伴推薦的「全人評價法」。這可以說是重視人類的評價有各種基準的事實之方法。此方法若能貫徹到底，那麼，應該不會再有被自卑感所苦惱的人了。

像這樣，了解到即使來自一個觀點的評價基準非常有力，但那並非是絕對的東西，如果自己持著別的觀點，試著去檢討該評價，大概就能夠將自己從自卑感或不安的晦暗中解救出來吧！

將大量的工作以「心理的除法」細分之，便不會感到繁重

如果認為三百張的稿子必須在一個月內完成的話，就會覺得是相當困難的事情。但是，假如想成「一天只不過是十張而已」，重壓感就會消失，心情會突然輕鬆起來。我在接受邀稿時都會活用這個方法。同樣地，在我們日常生活中有很多例子是藉著將大量的工作細分之，反而能夠輕鬆地去從事該工作。

藉著將工作的量細分後，對工作的重壓感也會被分割得更小，這是在進行一種「心理的除法」。

意識性地使用這種「心理的除法」，再艱苦的工作也會變得不那麼困難，而能夠提高效率。

例如，為了和外國進行交易而想在一年內記住五千個英語的單字，光是想到五千個就洩氣了，但是，如果將它細分成「一個月記四百個」、「一天約十個」、「五分鐘記一個」，如此一來，心裡就會寬鬆許多。然後，會認為「五分鐘記一個單字並不難呀！」而產生自信，再難的單字一定也能記到腦子裡。

試著改變「單位」，心理的負擔會變輕

在表達同一個事實時，會因為所使用的「單位」不同而讓人覺得或重或輕、或大或小，或長或短，這是我們經常會有的經驗。

例如，對於半年後將舉行的新產品發表會，如果以「六個月」的「月」來表示，就不會悠悠忽忽地過日，而會想認真地做。

同樣是半年後，如果以「一百八十日」的「日」來表示的話，就會有逐漸迫近的感覺，做事的心情會一下子提高很多。

在不動產業者的廣告中經常使用像「距都心八十分鐘」之類的分單位表示法。這就是要儘可能給買方近的印象。譬如，在報紙上不寫「距奧林匹克運動會還有三個月」，而改寫「還有九十日」，那麼整個氣氛就會興盛起來。

一般人的印象是「公里比公尺長」、「小時比分鐘長」，對於同樣的事實，只要試著去改變單位來表示它，那麼，心理負擔就會變輕許多。我稱之為「心理的換算」，這經常被用來當作控制自己的心的方法。您不妨試一次看看。

不斷地想起自己的小長處，就不會在意自己的短處

如果您認為「自己是一個只有短處的人」或「雖有小長處，但短處太大了」，那就會成為自卑感原因。有一個方法可以縮小起短處，去除自卑感，那就是：不管是多麼微不足道的長處，每天都反覆地去想起它好幾遍。

這個方法的原理和經常被應用在說服技術上的「部分攻擊」的原理是一樣的。例如，在說服女性時，要反覆地讚美該女性平時最自負的迷人部分。於是女性漸漸地覺得自己的整體都受到讚美，心就很容易被打動。亦即，不論是多麼微小的長處，只要藉著反覆的量化刺激，將短處趕至角落，該長處就會在心中增大。

我們自己的心也和這個被說服的女性一樣，如果不斷地想起某一部分像長處一樣的東西，使能夠認為自己的整體都是長處。譬如，認為自己是「羞怯而消極的，唯一稱得上優點的是溫柔」的人，就試著不斷反覆地對自己說：「我有溫柔這個長處」。

在似乎要失敗時，將可喜的結果視覺化，可產生自信

在佛教裡，為了使人忘記現世的不幸，產生活下去的意志，而假設來世有「極樂淨土」這樣開滿蓮花的美麗地方了。

這種思想之所以長久以來深植在庶民的心中，除了宗教的力量，同時也得力於將未來具體地視覺化的強烈印象。

亦即，將可喜的未來「視覺化」，對於激勵我們的心很有幫助。

譬如，覺得似乎要失敗了而感受不安時，或心情鬱悶而無法前進時，就試著在心中描繪未來的狀態和特別可喜的結果。並且，試著將詳細的情景視覺化，彷彿在眼前可看見一樣。

於是，目標就會變成更具體，更可能實現的形態，而產生想去達成該目標、想要成功的欲望，這樣的欲望可以除去對失敗的不安。

亦即，擬似地體驗成功的心理狀態，可以對「實際體驗」具有信心並且期待之。

例如，在審查或考試前，試著描繪在收到錄取通知的瞬間，祝賀電話不斷的情景和周圍人的喜悅表情，就會更加湧生對研究或讀書的意志。

真正不行是在認定「自己不行」的時候

我從旅行印度的一位好友口中聽到一則有趣的故事。有一次，一個印度人被發現正在行竊，卻一點也不畏懼地如此說道：「我如果拿著逃跑了就是行竊，但是，我只有拿著而已，還給你總可以吧！」

就這樣堂而皇之地離開現場。這如果是日本人，就不會變成這樣。最後一定是立刻承認罪行，正顏厲色地說「你殺了我吧！」國民性是何等的不同啊！

當然，在這裡並沒有要讚美小偷的說辭，然而，在這位印度人的邏輯裡，從客觀上來看，該狀況是完全不利的。但是他卻有一種絕對不承認不行的強韌性。相對於此，日本人卻往往有在客觀上並非不行的時候，就主觀地認定不行之弱點。

尤其是現代的年輕人，這樣的傾向更明顯。譬如，在監考時會發現：最近，在苦鬥之後所寫出來的答案可讓人一目了然的愈來愈少，而中途就離席交卷的學生愈來愈多。另外，最近的年輕人就業的穩定率比過去下降很多。對公司的忠誠度似乎愈來愈淡了。由此可看出：「稍微不如意就馬上放棄」，這正是現代人的想法表現。

這種儘早放棄的做法可以被當作是為了預先準備「只是我不想幹到底而已，如果幹下去也沒問題」，這樣的自我防禦之辯解而產生的心理行動。

但是，人生並非可以如此輕易放棄的。應該也有必須盡力盡到底的時候。

在那個時候，就會像「棒球是從兩出局開始」的格言一樣，不會認定「自己不行」。如果認為自己不行，主觀的自己的「心理界限」，就會像無論如何也不行的「生理界限」般地

創造「強韌心」的十條方法

8

即使是同樣的事實，若換成肯定的說法，可振奮心情。

認為，而喪失意志和鬥志，變成真的不行了。

為了不後悔自己的後悔，可想想「後悔乃生於餘裕」

有一次，我從採訪一位藝人在飯店自殺未遂的記者那裡聽到了這樣的話。該位男藝人是在朋友中有名的重度後悔癖者，在此自殺事件之前，他也曾經太過苦惱於自己的言行而陷入自我嫌惡的情境中，好幾次嘗試自殺。

在嚴重的時候，甚至會在抽完一支煙時，厭煩地咋舌說道：「雖然抽太多了，但還是又抽了。」或在喝了一口咖啡時說道：「這對胃不好。」

雖然不像這麼極端，但是，在我們的日常生活中也經常會重複著類似這樣無意義的後悔。

這種後悔癖「患者」的特徵是在有意識的情況下染上自己的後悔癖。也就是說，他「後悔」自己為什麼會一直後悔在意那些無聊的事情，而逐漸陷入自我厭惡之中。

因此，為了要從這種鬱悶中超脫出來，首先必須停止去後悔那些後悔的事。回顧過去是將目光離開現在的自己，客觀地審視過去的自己。而那種對客觀審視後的自己所感到的後悔，就是來自於將自己的情形和該希望的狀態比較之後而產生的。

總而言之，能夠後悔是表示精神上還有餘裕。真正處於必須悲觀、無可挽救狀態的人無法如此。在嚴重的狀態下，會像狂人不認為自己是狂人一樣，根本不想承認自己所考慮的狀態。

不斷地被襲上心頭的後悔所苦惱的人，如果能想想「後悔乃生於餘裕」，應該很快就能夠從不必要鬱悶中解放出來。

將悲劇的事情做相反的聯想，可發現新的途徑

任何人在失敗時都會陷入絕望感，這是當然的現象，但是，會因為對這種絕望感做不同的解釋，而分成兩種不同的途徑。

大部分的人在碰到悲觀的狀況時，會「左顧右盼」地想很多，想使事態好轉，結果卻漸漸地陷入泥沼之中。

若想從這種泥沼中脫離出來，先決條件是要使心情變開朗。方法之一是：試著進行和使自己絕望的悲觀材料完全相反的樂觀之聯想。在此，可以利用被當作點子開發技法之一的「相反聯想法」。

假定你現在正因為無法開拓第二次的客戶而陷入悲嘆的谷底。

此時，你的心一定是①以自己的實力而言，開拓客戶是不是太勉強了？②第三次也許仍會失敗？③因為不安而使工作無法下手……等等，千頭萬緒吧！

這時，你可以試著對各個項目做相反的描述。

①自己不開拓，要誰來開拓呢？②人生很長，總會成功的。③燃起希望，衝勁十足。光是如此，就能夠產生「好吧！就針對下一次儘可能地做做看吧！」這樣的新勇氣。這種心情才是使工作成功的最大因素。

因使用方法的不同，算命或神籤也能成為好的發憤劑

最近在社會上興起了算命的熱潮，在背後支持這種現象的正是那些「喪失自信」的現代人。

雖然有許多認為算命或神籤是不科學的東西，不足以採信。然而，這些借著神明的名義給予我們比保佑更複雜的暗示，如果使用得當，事實上是很有效的發憤劑。

當一個人想去算命時，大抵都是某事即將失敗或因失敗了喪失自信時，在這種情況下算出來的運勢大概多半是樂觀的。

因此，對自己而言，如果算出來是正面的結果，就會成為一種鼓勵，而能夠去挑戰下一

個目標。

相反地，即使算出來是負面的運勢，因為「準是八卦，不準也是八卦」，所以還是不準比較好。

但是，在這種情況下，最重要的是不要將該負面的運勢看成是不好的東西而想將它忘掉，要試著將它當成暗示來重新認識自己。

如此一來，將可以發現自己意外的一面，並掌握恢復自信的契機。

亦即，不管算命或神籤的結果是好或壞，都可以期待成為自己的發憤劑的一種道具之效果。

2 凡事換個說法會輕鬆些

即使同樣的事實，採取肯定的「說法」，可消除自卑感

據說對女性而言，用鏡子照照自己容貌乃是幸福的瞬間，然而，那也可能是被自卑感所苦惱的同時。即使同樣有著淺黑色的肌膚，對自己的容貌有自信的女性大概會說：「我的小麥顏色的肌膚配上漂亮的烏亮黑髮，真是絕配！」而看得出神。但是稍微沒自信的女性則會說：「我的皮膚怎麼這麼黑呢？」而深深地感到煩惱。

如果每次看到鏡子就失去自信，而終至遷怒於鏡子。然而，如果試著想想，某價值的基準往往是相當主觀而且曖昧不明的。

如果認為漂亮，看起來就會漂亮，如果認為討厭，就會什麼都覺得討厭。特別是自卑感，經常是經由言詞而釀成的，說一些具有否定的印象的語辭，是有害而絕對無益的。

這是經常舉的例子，著有『物的本性』一書的羅馬詩人魯克瑞息斯建議：「因膚色黑而

煩惱的女性就讚美像堅果一樣的褐色肌膚吧！」對著鏡子，不斷地說：「像堅果色一樣漂亮的肌膚」，如此一來，就一點也不會在意膚色太黑之類的事了。

如此，對自己的容貌更精益求精，則無論從哪個角度來看都是很棒的。魯克瑞息斯還建議將「瘦得皮包骨」，說成「像羚羊」，將「愛說話」說成「雄辯的火把」，將「輕佻的女人」說成「大自然的驚異」。

即使在述說同樣的事實時，其結果會隨著肯定的說法或否定的說法而有天壤之別，語言是任何天才都敵不過的魔術師。

即使在多不利的狀況下，如果使用含有正面價值的說法，即使同樣的事實也能反過來看，應該就不會被自卑感所困了。

對自己的心植入自信時，使用斷定的表現頗具效果

我從附近的水果店老闆那裡聽到有趣的買賣策略。在食物當中，水果特別難以從外表判斷其味道的好壞，所以，經常會碰到顧客提出「這個西瓜會甜嗎？」「這個橘子不會酸吧？」的疑問。這時，如果「應該是甜的吧！」、「應該不會酸才對」這樣曖昧地回答，那麼，十個人之中有七個人不會買。

然而，即使是同樣的東西，如果用「這個如果不甜的話，哪裡還會有甜西瓜！」、「我這裡絕對不賣酸的橘子」的斷定句，據說幾乎都賣得出去。

這確實是買賣上的策略。但是，事實上，在和這種顧客作生意時，老闆本身必須相信西瓜和橘子絕對是甜的。

如此一來，在說服顧客時才會有勁，生意才會興隆。因此，在對自己的心植入自信時，首先必須使用斷定的表現法，先決條件是先說服自己。並不是用疑問句問「會進行得順利吧？」，而是要斷定地說「一定會順利進行」，這是使結果順利的第一步。

用省略或代名詞來代替負面的話語

法國的愛彌兒・庫耶博士開發了一種利用自我暗示來治療各種疾病的稱為「庫耶學派」的精神療法。該自我暗示法的一個祕訣是：避免重複負面的話語。

亦即，與其自我暗示說「痛苦消失、痛苦消失、痛苦消失」，不如說「痛苦消失、消失、消失」，讓會給自己討厭感或負面刺激的話語減到最少、將後面的部分省略掉，如此可提高暗示效果。

這個方法並不限於精神療法，在我們的日常生活中也十分通用。當自己對工作會不會失敗而感到不安時，如果反覆地用言語將不安說出來，那麼往往會真的失敗。最好的辦法是儘可能不使用對自己有負面作用的言辭。

假使不幸工作失敗了，如果不斷地重複「已經完了」、「無能」這樣的言辭，那麼，就很容易變成真正的無能者。

如果被迫一定要說出來的話，就用「那件事」、「那個事件」或「自從那事以來」等等的代名詞或代用語來代替那個不幸的事件或不好的回憶，應該能夠擺脫該困境。

當心理上即將被壓倒時，試著意識性地使用「粗糙的話」

我從一位評論家那裡聽到這樣的話，評論家這種職業是以所有的權威或權力為對手放出批判的箭，因為必須做深入的取材，所以也必須和非常有名的學者或實力者進行對等的交談。這時往往很容易被對方的大名氣所壓倒，而使批判眼模糊不清。因此，要意識性地使用粗糙的言辭。

在電視上，一些有名氣的評論家所說的話確實不是非常優雅。不管稱得上或稱不上「粗糙」，總之，這種直言不諱的言辭具有批評的趣味。

當我們似乎要被棘手的對手壓倒時，如果能夠意識性地使用這種方法，把自己本身置於和對手相等的心理對等位置，就能夠擺脫對手的束縛。

雖說是「粗糙的」，也可以去掉對方的頭銜，直接叫他的名字，或不叫名字，而連續地稱呼「你」等等，有很多應用例子可以考慮。

從自己腦中消除有時間限制的用語，可產生鬥志

在我們的周遭，「截止」、「時間到」之類的時間限制之用語非常多。如此地限制時間，是為了使工作或讀書能夠順利地進行。但是，相反地，如果過份意識這種限制，對目的的集中力將會被削弱，而陷入不安中，這種例子很多。

我稱這種現象為時間限制用語的自縛作用。要消除這種現象，最好的方法是把「截止」之類的言辭從自己的腦中消除掉。

在此，我想起了過去在雜誌裡所讀到的原警視廳的名刑警平塚八兵衛先生所說的「我的字典裡沒有時效這個字」這句話。平塚經辦的「三億圓事件」雖然已經過了時效，然而在他從警視廳勇退之後，他藉著將「時效」這個法律用語從自己的腦中消除掉，而燃起了再追查該事件的鬥志。

像這樣，把物理的界限排拒在腦外，就不會被它所羈絆，而能夠將自己的目標明確地放

在射程之內。產生意外的可能性也會減少。

不管多麼重大的事，想成「最多不過……」，就不會害怕

原棒球監督三原脩先生能夠巧妙地抓住對手隊和自軍選手的心理而展開作戰，素以「知人」著稱。在某次的球賽中，他發現一個站在打擊區的自軍選手因為緊張而顯得有些僵硬，於是，他就把該選手叫過來，耳語了一番。

結果，該選手的表情變得很開朗，並且擊出一支漂亮的安打。之後，新聞記者問他：「監督那時到底說了什麼話？」這位當天的英雄回答說：「監督對我說：『最多不過是棒球罷了，輕鬆地打吧！』」

不管是對三原脩或那位打擊者而言，棒球都是他們的工作，當然必須認真地打才對。但是，如果改變一下看法，它確實只是一種運動而已。三原脩巧妙地抓住當時的心理，而讓選手的心情放鬆下來。

愈重大的場面當然會愈有壓力，如果沒有這種體認就無法完成重大的責任。然而，我們特別容易因為事情的重大而陷於過度的緊張中。

為了保持這種精神上的平衡，持有「最多不過是……」，這樣將事情矮小化的想法是很

重要的。

將「沒有了」想成「捨棄了」，沮喪感會輕一些

在美國的某份人生論雜誌裡有這樣的記載：一位在越戰中負傷的士兵在手術台上醒來時，軍醫對這位士兵說：「你再休息一陣子就會康復了。不過，有一件不好的事，是你一隻腳沒有了！」

結果，該士兵卻對軍醫抗議地說道：「不對，這一隻腳不是沒有了，而是我捨棄它了！」讀到這句話時，我對於這位士兵能夠不沮喪地接受悲劇的事情，進行如此巧妙的心理操作，感到相當敬佩。只是將「沒有了」說成「捨棄了」，就能夠使他自己越過絕望的深淵。

確實，不管是「沒有了」還是「捨棄了」，都無法改變喪失該東西的事實。然而，如果說「沒有了」，沒有將自己意志反映出來，亦即，是未了解事項，所以會一直被可惜的心情所困擾，而無法死心。相反地，如果說「捨棄了」，就變成是以自己的意志，當作廢棄物處理掉之已了解事項，所以，應該不會再戀戀不捨。

在我們的人生裡，包含了初戀、青春等等抽象的東西，「沒有了」的東西非常地多。但是，如果換說成「捨棄了」，那麼，沮喪感應該會變輕許多。

創造「強韌心」的十條方法　9

把「喪失」的東西想成是「捨棄它」，就不會感到怯懦。

不想成「只……」而想成「也……」，能使自己擁有自信

例如，你在某項考試中得了五〇分，你會怎麼想呢?也許有人會深深地認為：「只得到五〇分！」相反地，或許有人會想成「也得了五〇分！」而感到非常高興。同樣是五〇分，卻因為「只……」和「也……」的不同而在心情上有著極大的差別。這是因為即使是同樣客觀的事實，也會因為所抱持的心情之不同而有失敗或成功的結果。

譬如，想成「只得了五〇分」時，只會留下產生和預測相反的不好結果之失敗感。但是，如果想成「也得了五〇分」時，自己為了考試而用功的過程和結果會互相結合，自然地聯結到「下次考試要考六〇分」這樣的目標上。

亦即，在客觀上，五〇分是無法變動的，然而，它可以當作自己的評價，而變成下一次成功的契機。

像這樣，與其用「只……」來限定，否定自己，不如以「也……」來強調正面的效果，不僅能補償失敗感，對於加強對往後的自信也頗具效果。即使是五〇分的數字，也能因為心情持法的不同，變成產生自信的寶貴契機。

陷入自我否定時，使用「雖然……，但是……」，可改變心情

我的一位在高中教英語的朋友，對我說到關於使對英語感到棘手的學生增加英語能力的秘訣。那就是給英語不好而苦惱的學生這樣的詞句：「雖然自己英語不行，但是……」，接著，讓學生自己造成句子。當然，在那些句子裡一定要加入「英語」這個單字。

在學生們所造的句子中有「雖然自己的英語不行，但是，可以拼寫得很漂亮」、「雖然……，但是，對英語的發音有自信」、「雖然……，但是，我覺得會說英語的人真棒」等等。

在此，值得注意的不是後來的造句，而是藉著讓他們使用「雖然……，但是……的接續詞，把自己未發覺的肯定的部分引導出來。藉著使用「雖然……，但是……」等等逆接的接續詞，讓陷入自我否定中的學生發現肯定的部分，而消除對英語的自卑感。

這是在諮商時經常被使用的技巧之一，而在失敗感到悲嘆時，它也是助你恢復自信的方法之一。

「反正」、「果然」是奪走幹勁的兩大忌諱語

當工作或人際關係不順利時，大部分的人會這樣說：「我想反正是不行的，果然是不行」、「總之，我沒有才能」、「果然是趕不上他」等等，一再地發出「反正」、「果然」、「總之」這樣的話語。

這些話都是想將「死心」的心境正當化的代表例子，如果讓我說的話，將這些話說出口之後，即使順利的事情也會變得不順利。

從「反正」、「果然」到「總之」、「沒辦法」、「不得已」這些言詞都可以說是努力放棄語、思考停止語，在這些話說出口的階段，自己的負面被正當化了，於是自己就無法踏出該軀殼一步。

像這樣，平時不經意地使用的言詞，具有很大的自我暗示力，它可能具有正面或負面的作用。

假如你正被無用的自卑感所困擾，那麽，把「反正」、「果然」當作是奪走幹勁的兩大忌諱語，建議你首先將它們從你的會話或文章中去除掉。

譬如，即使那些話浮上心頭時，只要避免去實際使用它們，那麽，保證你會湧生自信。

3 裝作鎮定的樣子即可鎮定下來

人是以類似該地位的行動來接近該地位

二次大戰前，在柏林的奧林匹克運動會，在三級跳的項目中刷新世界紀錄的田島直人，在他寫的一本名為『支持我的一句話』一書中提到這樣的小插曲。田島直人在奧林匹克之前所舉辦的國內競技大會即將開始時，他陷入了嚴重的自信喪失中，幾乎要放棄出場比賽。

因此，找來一向指導他的三雲宗敏先生商量，於是，對他曉以大義地說：「如果你覬覦世界第一的寶座，那麼就必須擁有天上天下唯我獨尊的氣概。畏縮是禁忌。在面臨比賽時，要有從容不迫的，像王者一樣的行動。」受到了這當頭棒喝的激勵，他恢復了自信。

此外，素以精神飽滿的活動而聞名的評論家大宅壯一先生，他經常和年輕人親密地接觸，以像年輕人一樣的行動來維持年輕的活動力。

人們在看到成功者時，經常會說「他的行動確實像個成功者」。事實上，從這些例子可以了解到：人類並不是因為現在所處的地方或所持的能力而做得像那樣，而是藉著做出像那種地位的行動，而能夠獲得該地位及能力。

在開始做具有抗拒感的事情時，先準備其他的條件

生來就無拘無束的我，即使快到截止日期了也往往無法對被託付的稿子進行趕稿。到了最後，經常被拉到飯店或旅館關起來和編輯者談判，一再地催稿。不可思議的是在我家的書房裡無論如何絞盡腦汁也寫不出來的稿子，在飯店的房間裡卻突然能夠開始迅速地下筆。

當然也許是因為必須遵守截止日期之責任感在催逼自己的緣故吧！但是，另外一個原因是：寫稿所需的其他條件已準備好，而不得不寫的心理切迫感已經產生的緣故。

亦即，對人類而言，對自己做好五花大綁的「準備工作」之後，即使是具有抗拒感的事情，也能夠比較順利地展開。像這樣，自己製造一種精神負擔的條件，對於開始做自己不喜歡的事情，應該是具有極大的效用。

人類被認為是環境的動物，所以，經常會隨著環境的不同而湧生強烈的鬥志，或喪失做事的幹勁。

憂鬱時，穿亮麗的衣服或做輕便的打扮，可使心情開朗

當我到達位於阿爾卑斯山的高峰馬拉合恩峰上的有名之瑞士的茲埃爾瑪特（位於瑞士西南部，以療養地聞名）時，卻驚訝地發現在這個海拔一六〇〇公尺的登山街道上竟然有那麼多的老人觀光客。

此外，更令我驚訝的是老人們和大家一樣都做了亮麗的打扮。也許是因為這個緣故，所以他們看起來有讓人感覺不出其年齡的年輕感，非常有生氣。對於做這種打扮的老人們能夠在這個高原的街道上昂首闊步，會我非常敬佩。

反之，在日本的街道上如何呢？稀稀落落的老人們，看起來就像是複印的一樣，都是穿著像老人一樣暗淡色服裝。不僅如此，就連年輕人，在景氣不好的時候，都會穿著灰色或黑色系的服裝，而在景氣好轉時則又不約而同地做亮麗的打扮。

就像年老的人年紀漸漸地大，憂鬱的人心情逐漸地沈重，都是以自己的喜好來處理。

在人類的心理上，並不是那時的心情決定了穿什麼樣的服裝，而是服裝決定了心情。因此，在憂鬱的時候，如果能夠做亮麗的打扮，那麼，心情一定會像服裝那樣地開朗起來。

經常穿著醒目的服裝，可使自己不在意別人的眼光

連極小的事情也在意別人的眼光，經常覺得別人正在看自己而無法自由地行動的人在年輕人中特別多。

我在和這樣的人面談時，經常會這樣回答他們：「請下定決心試著一次穿著醒目的服裝上街。你將會發現：所謂的別人，事實上並不像你所想像的那樣注意別人的事情。」

我們往往容易認為穿著不醒目，不會受到非難的服裝，就不會因為該服裝而受到他人的注目。然而，事實上是不管服裝是華麗的或不會被非難的，別人原本就不會去關心他人的事情。

當然，在親近、熟識的人當中也許會對華麗的服裝有某種程度的關心。但是，正因為如此，所以建議你反而要下定決心試著穿著醒目的服裝。因為像這樣雖然知道「不在意」也無所謂，但對於沒有「在意」之合理性的不安，具有逆療的功效。

就像欲使想自殺的人打消自殺的念頭時，反而對他說「去死吧！」的效果一樣，試著將自己置身於被注目的情境中一次，那麼，將會變得不在意別人的眼光。

膽怯時，儘可能多帶一些自己最親近的東西在身邊

我們經常會看到業務員到一個不熟悉的正式場合時，會因為那是盛大而正式的舞台，所以從服裝到攜帶物品都全部換新。

雖然其氣勢必須非常壯觀才行，但是，我認為在心裡有一抹的不安時，將自己身邊的東西從頭到尾全部換新，就好像是一個同伴也沒帶就闖入敵陣一樣。

因為當周圍的狀況愈是未知而不熟悉的時候，該狀況就愈會形成厚壁而將該人排拒於外。在心理學上的說法，這種狀態被稱為「環境的未分化狀態」。完全沒有對對象加以分別，人會因為孤獨而逐漸陷入不安的狀態中。

像在這樣的情況下，若能盡可能多帶一些對自己而言是親近（熟悉）的東西，那麼情況會比較好。不管是鉛筆、西裝或手帕，若能帶自己平常愛用的、在日常生活中非常習慣的東西，就可以將自己習慣，親近的生活環境之一部分帶入該場合中。而且，因為這些物品會反映出自己平時生活的歷史，所以可以當作是「另一個自己」，而成為在敵陣中相當於百萬同伴的強力援軍。

護身符、福神是平息不安感鎮定劑

劍豪宮本武藏在面臨和巖流島的佐佐木小次郎決鬥時，因為對自己依賴神佛的庇護之懦弱感到羞恥，而在比賽前將護身符還給神社，留下了這麼一則插曲。

像武藏這種劍豪也曾一時做出對神佛祈求庇護的行動，因此，我們凡人在碰到困難時會想去求助神佛也就不足為奇了。

雖說「平時不燒香、臨時抱佛腳」，然而，因為去參拜神佛或求個護身符便能夠使心情平靜下來，而覺得應該可以順利地突破危機，這確實是相當不可思議的。

也許神佛是人類的認知所無法理解的、具有超人般的力量，正因為可以使人在面臨生死關頭的危機中恢復平靜的心，故能順利地渡過吧！

特別是護身符，好幾百萬人曾因為祂而擁有渡過危機的成功體驗，光是這種將精神的託付於具體物的暗示象徵，便可成為平息不安感的絕佳鎮定劑。

在緊急的時候，把可以依靠的東西帶在身邊，可以使心情穩定下來，發揮平時的力量，故能順利地突破危機。由此看來，像福神之類也可以說是具有相同效用的妙藥吧！

被自卑感所苦惱時，試著讀成功者的傳記

當我們試著看看成功者或偉人的傳記時，會發現他們似乎有某些共通點。他們除了做了比別人更大的努力或具有卓越的頭腦之外，還能夠巧妙地將自己本身的自卑感當作發條來經營自己的人生。

雖然因為在貧窮、肉體上的缺陷、性格上的偏差等等境遇中，而被不得不持有的自卑感所苦惱，但是，他們不會一直抱著自卑感不放，而會以適合各種立場的利用方法來克服自卑感。換言之，他們不是被自卑感任意操縱，而是利用自卑感使自己飛躍起來，亦即將它當作工具來使用。

因此，當我們沒有自信時，被「我為什麼這麼無能？」的自卑感所苦惱時，看看這些成功者們的傳記也是有效果的。因為在他們的生活方式中所表現的自卑感之利用方法，即使無法原原本本地適用於我們自己的情況，但多半能夠給我們珍貴的啟示。

當我們了解到「那個人也能在那樣惡劣的條件下生活著」時，應該會認為克服自卑感之類是相當簡單的事情。

心情憂鬱時，看看漫畫或幽默小說

英國的哲學家霍布斯把笑當作「勝利」的表現。笑確實是優越感的表現。

運動競賽的勝利者會經常面帶微笑乃是當然的事情，當人在看滑稽故事或說相聲時，會被逗得發笑也是因為被浸潤在「如果是我才不會做那麼愚蠢的事」、「如果是我應該不會做那種錯事」的優越感中。

如果能積極地用這種笑的效用，應該就可以緩和因失敗而容易悲觀的緊張心情，輕易地消除絕望感。事實上，在心情鬱悶時去聽聽滑稽故事，來想轉換心情的人也不在少數。

即使只是看看身邊的漫畫或幽默小說，也能使心情開朗起來而產生活力。

換言之，是想藉著從外界強制性地使人發笑，來自然地取回優越感而恢復自信。

總是費心地思量，憂鬱症仍然無法消除在這種情況下，最重要的是自己意識性地創造可以使自己發笑的環境。

即使最初是極端不痛快的臉，在看漫畫或幽默小說時會不知不覺地綻開笑容，而湧出幹勁。

創造「強韌心」的十條方法　10

與其想成「只……」，不如想成「也……」，較能擁有自信心

培養一項得意的技能，其他的事情也會變行

在千葉縣的某所中學，有一位因為深受功課不好的自卑感所苦惱，導致行為偏差的學生。雖然家長和老師一再地勸說也毫無效果。有一次，老師發現這位學生很喜歡相撲，於是就認真地指導他，並試著讓他和全班的同學進行比賽。

結果，全班沒有一個人是他的對手。從那時候起，這個小孩變得很認真。對讀書也很熱心，結果以相當好的成績畢業。

乍看之下，相撲和讀書似乎完全沒有關係，然而，這種對相撲的自信，事實上已經成為在讀書及其他各方面支持他的一大支柱了。

像這樣，人如果能夠培養任何一種自己得意的技能，對該項技能的自信便能作用於各方面，而連其他事情也會變得很行。因為對某項特定的事情有自信時，該自信會和相信自己的全體、自己存在的本體產生關聯。

而且，行或不行的評價基準並不是絕對的東西。因此，可以偸偸地使用自己認定的「得意」的標準，培養一最得意的技能。因為一個自信會聯結到無限大自信。

擁有一個每天持續做的事情，可產生對任何事情的持續力

不管是工作或是嗜好，即使很想投入地去做某件事，往往也無法長期持續下去，結果只是加強了「還是不行」的失望感。這種例子很多。

當我和這種案件的人會談時，一定會問：「在你的日常生活中，有沒有什麼事是每天必做的呢？」

不管是多麼細小的事情，不管是本人每天持續做的，卻沒有意識到事情，一定可以想出一件來。

如果試著想想看，人類每天持續做的事情事實上是相當多的。光是看看早上，每天都用同樣的方法洗臉、吃飯、看報紙、梳頭髮，真有恆心。即使是非常沒有恆心的人，仍然持續好幾十年在當人類、當男人或女人，當家庭中的一員。

在前來諮商的人當中，我只要說這些，他們似乎多半都能消除迷惑。

即使是沒有恆心或無法長期持續做下去，但也不是每一個方面都是如此，只要知道自己現在仍然有長期持續在做的事情，便具有恢復自信的效果。

此外，不管是多麼簡單的事情也好，請試著再意識性地做一些持續的事情。像刷牙、寫

一行日記，在床上做一點體操這種生活習慣上的事情也好，或是暗誦一則格言、讀一項百科事典等等和工作較接近的事情。

這時，如果可以的話，決定一定時間，然後試著努力在該時間內一定做那件事情。於是，自然而然地會形成生活上的規律，不做時反而會感覺奇怪。另一個應該注意的要點是：不要去想「持續」的事情，不要管明天，只想今天將它做到，如此一日一日地掌握下去。

像這樣，當一件事情正在被持續做下去時，存在於該行為中自我暗示力就會將此人的無心或無持續力驅逐出去。

4 身體的「動」會喚起心裡的「靜」

推動自己的心時，若能伴隨一定的動作，暗示效果會加倍

在自己的心中，藉著對自己本身說話和訴說，使自己向希望的方向移動，這便是自我暗示術。然而，在推動自己本身的心時，若能伴隨著一定的動作，往往會效果加倍。

例如，我們在做重大決定的時候，會在無意識中緊緊地握著手指或嘴唇緊閉。

在宗教性的祈禱時，一定會伴隨著合掌或禮拜等等動作。密教的修行者在進行苦修行時必須打手「印」。任何一個都是想藉著動作來使心中祈唸的東西更加明確。這種無意識的意圖所推動的東西已變成原形。

像這樣，在對自己的心說話時伴隨著動作，如果具有那樣的意思，就有辦法將它意識性地納入我們的生活中。

那位有名的德國納粹的總統希特勒在讓人民高喊「希特勒萬歲！」時，成功地使他們高

舉右手來驅策他們的忠誠心。

在身邊的例子中，譬如在業務員的早會或工會的大會等等，都會一邊高舉拳頭、一邊喊著「衝啊！」

這對於將該決意牢牢地鍍在每個人的胸中來提高團結心，應可發揮相當大的效果。

像這樣，如果這種動作經常和心中所祈唸的話語形成一體，亦即變成像一種儀式時，實際上是頗有效果的。

在介紹美國參議員諾門•V•皮爾的文章中出現這樣的話：有一位業務員在每晚回家時，會說「現在起開始夜晚的儀式」，然後撕下當天的日曆，揉成一團丟進垃圾桶，藉此將當天一天的心情一掃而光。

如果有意圖地應用這樣的儀式，譬如，為了在資格考試前集中精神，可以在考試卷上兩手交疊，對自己做「我可以靜下來發揮全力」等等的暗示，大概就能優游地面對考試。

解除身體的緊張可使心情的緊張鬆弛下來

以明治的元勳及早稻田大學的創立者而知名的大隈重信，據說是一位非常喜歡泡澡的人。他是一個高唱人生一百二十五歲說的樂天派人物，就連身邊親近的人也不曾看過他有暗淡的臉色。在動盪不安的明治初期，即使是再樂天派的人有時候一定也會對政治的現狀感到憤怒，或對自己的未來感到悲觀。

然而，他卻一點也不會讓別人感覺到那樣的表情，因此，大人物的氣度似乎還是有所不同的。如果心理性地觀察這種氣度的大小，他那喜歡泡澡的行為似乎發揮了不小的功用。

任何人在心情緊張程度提高時，身體會變得僵硬，或握緊拳頭。這種使身體自然地緊張的結果，只會提高心理的緊張。在這種情況下，應該反過來去泡泡澡或深深地靠坐在沙發上，先解除身體的緊張。

在進行精神分析時，讓患者躺在長椅子上，使其放鬆也是這個緣故。因為，放鬆的身體可以創出放鬆的心

陷入墨守成規時，試著改變生活的步調或生活空間

墨守成規和一時不振一樣，都是使工作或讀書效率顯著下降、讓人陷入倦怠感或喪失自信的強敵。

這種墨守成規的可怕和一時不振不同，當事人在染上這個毛病時很難察覺到。

因為，墨守成規往往容易發生在事情正順利地進展時。例如，具有某種程度的實力，每

天的工作也沒有出差錯，墨守成規的毛病卻在這個時候像癌症一樣毫無自覺症狀地開始了。

亦即，當我們以和昨天一樣的作法安然地渡過今天時，我們的頭腦就沒做新的活動。當我們對工作還不熟悉時，每天都是新事態的連續，為了解決這些事情，頭腦必須經常迅速地活動。

然而，對工作熟悉之後，可被稱為思考節約裝置的東西便會開始行動，而變成不再重新思考同樣的事情。

當然，也正因為有這種「裝置」，所以人類的思考才會進步。有這種「裝置」的好處是可以節省一些腦部的思考，但是卻可能使頭腦生鏽，精神力也會衰退。為了避免陷入這樣的狀態，必須經常使頭腦中持有新的問題意識。然而，這是說起來容易做起來難的事情。

當開始染上墨守成規的毛病時，很難期待頭腦會有自發性的活動力，所以只有從外界給予刺激，讓頭腦不得不活動。其方法之一是試著改變生活的步調或生活空間。

我常說：房子裡的模樣如果十年如一日都沒有改變的話，頭腦的活力會衰退。從偶爾改變桌子的位置或方向，改變家具的配置等等空間性的變化，到將習慣化的生活重新在時間表上安排一遍等等時間性的變化。

總之，試著創造變化的生活環境是非常重要的。

焦急時，試著激烈地活動身體

過去曾發生一位一流大學出身的一流企業之優秀職員，用球棒將上司毆打至死的事件。在其他的書中也介紹過，不知是否為了預防這樣的事件發生，在某家企業自我治療室中有這樣的設備。

在這個房間的牆壁上貼了一張很大社長照片，在照片的前面放了一尊等身大的稻草人。當社員被上司罵而心情鬱悶、或工作效率無法提高而焦急時，就可以用竹刀對它儘情地發洩情緒。

如此一來，鬱悶或焦急就能平定下來，工作效率也會提高。這是相當合理的做法。

任何人在工作或讀書無法順利進展時，會產生焦躁或被不安感所困擾，這是很平常的現象。但是，如果置之不理，情況會更嚴重而喪失幹勁。如果不切斷這種情形，不僅會提不起幹勁，最後也有可能發展成殺人事件。

最簡單而迅速的做法是利用運動來激烈地活動身體，把高亢的心理性能源（緊張、焦急）轉化成肉體性的能源，而將它排出體外。

前述的稻草人也是為達到這一點所使用的道具之一。然而，對於不喜歡那種露骨的方法的人而言，一個人可以做的運動用品是可以利用的。

像這個例子一樣，在焦躁不安時，不要悶悶不樂，不管做什麼運動都好，試著激烈地活動身體，流出汗來。如果能以開朗的心情面對桌上的工作，那麼，效率一定會提高。乍看之下，這似乎是很單純的作法，如果你試著去實行，應可了解它具有意外的功效。

在運動員中之所以很少有人會被煩惱或不安所困擾，大概是因為他們具有能夠將人際關係或工作上的緊張巧妙地轉化成肉體上的能源，並使其散發出去的生活技術吧！

不管做什麼都好，試著讓自己忙著做事，可趕走不安或恐懼

在我從事諮商的工作時令我感到驚訝的是：所謂功成名就，在經濟上及精神上都應該很有餘裕的人當中，被神經衰弱或不安所困擾的人卻相當的多。他們都說：「在為了每天的糧食而必須拼命地工作的時候就不曾有過這種事情。」確實，人類精神性的不安或恐懼有這樣的一面。精神上的煩惱被稱為一種奢侈的病，其原因似乎就在這方面。

亦即，如果每天都忙碌地生活著，此人的心中就不會有讓不安或恐懼進入的餘地了。

若將這種現象反過來運作，當心中產生不安或恐懼時，不管做什麼都好，藉著製造一些讓自己必須忙碌地做的工作，可以使自己逃離不安或恐懼。

事實上，我自己也有這種經驗。我具有所謂躁鬱症的性格，會周期性地被憂鬱的心情所苦惱。這時，如果鬱悶地把自己關在家裡，只會引發更多的煩惱，而使憂鬱的狀態更嚴重。

因此，在這種時候，我會意識性地多接一些工作，把自己的時間表排得滿滿的。像這樣，不管願意或不願意，將自己逼入不得不活動的狀態中，不久便能夠從憂鬱生憂鬱的惡性循環中解脫出來。

心情沈悶時，走得比平時快，心也會挺直起來

這是每個人都有的經驗，當有某件高興的事時，腳步也會輕快起來，甚至吹吹口哨。相反地，在憂鬱或心裡不安的時候，心情會沈悶，步伐也變得沈重，姿勢也變得彎腰駝背，心的活動自然因為這樣的動作而被表現出來。如果自己能夠意識性地創造會生出活力的外在條件，那麼趕走憂鬱的心非絕對不可能。

譬如，在準備不足的情況下必須參與會議時，試著挺起胸膛，大大方方地走進會議室。想向不太想拜託他的人借錢時，試著加速平時的步伐，伸直腰桿。這時，你的心一定會產生活力，而湧出會順利進行的自信。

如此一來，會議和借錢一定都能順利進展。恐怕急著回家的你，步伐會自然變得有節奏

，即使不喜歡也會吹吹口哨或哼哼歌吧！這時，若能擺動雙手，有韻律地走路，則效果會更大。因為，心情或精神的活力會隨著外在的條件而變化萬千。

大聲會使自己的心也變大

過去，當我在讀那本獲得大宅壯一獎的文學『為何說英語？』時，有一件事令我很佩服。這是一本利用過去日本的英語教育所沒有的，可說是野蠻的精力旺盛方法，來教學生英語發音和會話的女教師之記錄。令我感到驚訝的是：在教導正確的發音時，是讓學生拚命地吐氣，用近乎嘶喊的巨大聲量來練習發音。暫且不論英語的聲音學，令我敬佩的是：這種教法除了其教授內容的正確性外，一定還能給予學生們自信。

試著住在國外，會發現日本人的外國話都太過纖細，因此看起來似乎沒有自信。我的一位住在國外的前輩則不斷地說：「因為即使說錯了也沒有關係，所以儘量大聲地說話，這也是不會被體型高大的外國人所吞沒的祕訣。」

當然，這種事在我們的日常生活中也通用。小聲說，不僅聽起好像沒有自信，有時候甚至會讓人懷疑是不是在說謊。相對於此，大聲說話，不僅會給對方有自信的印象，該聲音還會鼓舞自己本身，因而獲得真正自信。

似乎有點緊張時，試著把玩手邊的小東西

在結婚喜宴上，因為被要求做不習慣的致詞，而站起來時精神非常緊張，以致直立不動、進退維谷的人經常可見到。

即使不像那麼緊張，也會因為有「我會不會也那樣？」的不安感，而在未輪到自己之前無法自在地進食。

對於被這樣不安所苦惱的人而言，立即見效的方法是拿起手邊的任何小東西。因為手指的適度運動可以發揮緩和心情的緊張或不安效果。

當我們平時心裡產生緊張時，會在無意識中做手或腳等處的細微肌肉運動。巨人隊的前監督川上哲治先生在面臨危機時會不停地抖動大腿的傳說非常有名；在進行很難的電話應對的人，大都會一邊玩弄聽筒的細線或在紙上隨意塗鴨。

這是藉著在身體末端使神經游走來避免精神異常緊張的一種生體之自然智慧。

因此，在似乎有點緊張時，可以意識性地活用這個方法。如果直立不動的話，將會把自己引入更不利的狀態。

在運動或藝能學習中，有很多適合用來統整紛亂的心

在某所中學的教師報告中，有一則利用足球來導正一位被同學們鄙視的不良少年之故事。該少年的家庭環境不好，缺課日數非常多而成績不佳，所以變成一位自卑的小孩。他經常遲到，下課後也多半在學校附近遊蕩。

在這種日子裡的某一天，老師對他說：「既然你看起來這麼閒，那就來當我練習的對手吧！」說完就遞給他一個足球。就因為這個契機，該少年變得非常熱衷於足球，而顯著地恢復了開朗的性格。

另外，還有這麼一則故事，一位到某花道教室上課為了取得證書，後來卻因為結婚而停止上課的女性，有一天又回來上課了。師傅問她理由，她說她正為婚姻失敗而苦惱著，然而她發現在插花時她的心情可以平靜下來。

誠如這些例子一樣，很多的運動或藝能學習潛藏著，可以使人脫離不安或失意的不可思議力量。

其理由是：一般的運動或藝能學習具有一定的規則或常規，而且其目的或目標就在眼前，即具體又明顯。不管是將來的成功、成績的提高或信賴的獲得，都不是抽象的東西。因此

容易集中精神，容易統整紛亂的心。

例如，射箭的目的在於靶，如果想射中靶，當然必須把精神集中在一點上。此外，像柔道、劍道等鬥技或所有的運動競賽，眼前都有一個具體的目標，那就是敵手或終點。在茶道、花道或書法方面，除了嚴謹的作法外，同時也有以具體的形式呈現出來。到小提琴教室學小提琴的小孩，在上學時能發揮很好的集中力。

假如你無法對付心中的不安時，如果想更具有自信地生活下去的話，試著讓自己投入這些運動或藝能學習當中，一定會有意想不到的收穫。

用右肩上揚的大字體來寫「標語」，可產生「幹勁」

看一看公司的銷售部門，大抵都會在牆壁上張貼「本月銷售要突破十億日圓！」之類的標語。

將目標懸掛起來每天看，將之當作產生幹勁的自我暗示術是非常有效的作法。在書寫目標時，要用粗大的筆，沾上足夠的墨汁，並以右肩上揚的雄壯字體寫出來。

如果張貼用小張圖畫紙隨便寫成的標語，反向的自我暗示會開始行動，不但不會產生幹勁，反而會使意志消沈，而得到反效果。

誠如書法家所說的一樣，字確實會表現出一個人的性格和心理狀況。「字是體之表現」，具有積極性格和自信的人，大抵都會寫出右肩上揚的大字。

然而，字不僅會表現身體，還會創造身體。換言之，字體的圖形印象會對人的心有微妙的影響。

將成功的人或有獨特技藝的人所寫的字加框裱起來當作裝飾品，其用意不外乎它具有可將寫字者的自信傳染給欣賞者的效果。

對能否突破十億日圓而感到不安、完全沒有自信時所寫的標語，其用意亦是如此。

頭腦迷糊不清晰時，試著整頓自己的周圍

當我們想從事某件工作時，經常會覺得頭腦總是迷糊不清晰。我自己也不例外，也經常體驗這種狀態。此時，超脫的方法之一是：儘可能將自己的桌子或書架等等身邊的東西徹底地整理、整頓一番。如此一來，頭腦會不可思議地清晰起來，而能夠以開朗的心情來從事工作。

這種作業所具有的心理效果，被認為有兩個理由。第一個理由是：在將書本或文件分類，一邊考慮容易拿取的位置而加以配置排列之作業中，頭腦中的模糊狀態，亦即生活空間未

分化的狀態會被打破，對於恢復為目標明顯的已分化之組織狀態是非常有幫助的。

換言之，整理物理性環境的作業，對於心理性環境的整理是有助益的。

另一個理由是：乾脆、爽快的肉體性作業所具有的意義也是不可忽視的。當心中有不安或焦躁時，適度的肉體性作業可以引起心理上的安定感，這是很明確的事實。也可以看成是一種心情轉換吧！由此看來，這不但可以整理平時雜亂無章的房間，同時也能夠產生旺盛的幹勁，真是可謂一石二鳥的方法。

不安時，好好地吃一頓自己喜歡的食物，有助於充實氣力

所謂：「餓著肚子無法打仗」，確實，攝取充分的食物，對於產生幹勁或消除不安具有重要的意義，這也是任何人都有的經驗吧！

但是，一般說來，當心中有不安的時候，食慾或性慾等人類的慾望會停滯下來，而多半會陷入無氣力狀態。不過，因人而異，也有人在這時反而會異常地出現食慾或性慾高漲的情形。這也可以解釋為：想暫時忘掉該不安的表裡一體之心所產生的衝動。

不管怎樣，能夠充分地吃、睡得安穩是健康的最低條件。如此，伴隨著體內充滿力氣的感覺，才能在心理上給予很大的安心感。為達到此點的辦法之一是：在有不安的時候，即使

花一些錢也沒關係，建議你試著好好吃一頓自己最喜歡的食物。因為即使食欲減退，也會對這些食物食指大動吧！

另外，晚餐不要吃太飽，而在開始活動前的早餐之內容應該多加充實。將「因為吃得很滿足，那麼……」的心情放在心中，可以給予自己正面的自我暗示，充實氣力。

飽和時，與其休息不如試著做做不同性質的作業

當工作無法像自己所想地進展時，經常有人會提出「飽和了」的理由。這是毫無道理的誤解。只要是人，任何人都會有飽和的情形。問題在於飽和而無法提高效率或是即使飽和也能提高效率。這卻因人而有所差異。

說「因為飽和了，所以即使再怎麼努力也不行」的人，恐怕是把飽和想成和疲勞一樣，而想休息一陣吧？然而，「飽和」和疲勞是不同的，是一種心理的飽和現象，是指對某方面的關心或吸收能力達到飽和的程度。

因此，如果只是休息，這種飽和狀態會原原本本地保留下來，即使想再投入，結果還是會滿溢出來。為了不形成這種情形，與其休息，不如暫時將關心轉移到不同的方面，來解除最初的作業飽和狀態。

例如，利用使人畫很多圓圈的作業來調查「飽和」的程度之實驗時，如果在中途讓他們進行一些寫字或畫畫的不同性質之作業，結果能防止效率降低。

亦即，企畫會議之後傳票整理，桌上工作之後做外勤這樣的要領，利用不同的作業來解除飽和。

心不安定時，採取抱著胳膊、盤腿等防衛姿勢，可保持心的平靜

象棋或圍棋的對奕者在面對最大的難局時，常會看見他們抱著胳膊做深思狀，另外彼此有不同利害關係的雙方在爭辯，多半會做出抱著胳膊的姿勢。我們在面對某個難題時，或是必須慢慢地思考時，也經常會無意地抱著胳膊。

根據身體語言的研究者說法，這種姿勢是「防衛姿勢」的一種。可以在和對手之間築一道障壁，或藉著用自己的身體抱住自己、縮小表面來保護自己安全。

確實，抱著胳膊和盤著腿這種使自己的身體接觸在一起的姿勢，就像「鞏固身體」這句話意味著「防衛」一樣，即使在不是感受到具體的肉體性攻擊威脅時，也可以給予自己的心一種安心感或安定感。

因此，在必須面對棘手的對手等情形時，對手在場當然會感到不安，即使不是真接面對

面的情況，心裡也會有某種不安而必須恢復冷靜時，抱著胳膊或盤腿等等也是「防衛」自己的心的方法之一。

將感到恐懼的人假託在具體的事物上來擊打他，可使心不致動搖

我在旅行於西班牙時曾看過鬥牛的練習。那些未熟練的鬥牛士讓同伴推動著在手推三輪車前面綁著角所做成的道具，將它當作牛來練習。這種方法，不但可以記住鬥牛的技術，而且也具有可以去除對真實猛牛的恐懼感意義。與此類似的方法也可以活用在人與人之間。

前面也曾經提過，在某家大型的電機公司裡，有做成重要上司外形的偶人，員工們可以在自己高興的時候用棒子毆打它。

藉此可以消除對上司所抱持的恐懼感或緊張，而能輕鬆愉快地工作。

在劍道和柔道的練習中，把練習對手假想成真正的敵人來擊垮他，這也是和自信的產生有關。

這些方法有效的原因是：藉著將真物假託在具體的事物上來擊垮它，這種擬似體驗，使存在於自己內部的不安或恐懼的能源釋放出來，自然而然地不感到恐懼。

所打擊的東西，即使和真物不太像也沒關係，即使是手邊的一個坐墊也好，把它當成是

對方，試著用捲好的報紙等等東西來打擊它直到心情開朗為止。

陷入一時不振時，試著將已完成的工作堆在眼前

就像一時不振被稱為「高原現象」一樣，當某項作業進入窒礙難行而變成橫躺的狀態時，也可以想成是下一次大飛躍的準備階段。

因此，絕對不是悲觀的事情。但是，有一個問題是：因為窒礙難行，所以會陷入自信喪失中，因此必須特意到剩餘之處找尋為了下次的飛躍而儲備的能量。

這種自信喪失的一大原因是：不止對於自己的現在和未來感到不信任而已。就連過去，立即到達此階段為止的成長情況也感到懷疑。

如此一來，至目前為止所習得的事物本身即會不安，因為不安，所以至目前為止的實際成績很容易變得含糊而靠不住。

若想擺脫這樣的狀態，必須要對過去的實際成績有十分冷靜的評價。而要做到這一點的方法之一是：試著將據實顯示出過去已完成的工作，和過去自己的實際成績之檔案，堆放在自己的眼前。

如果是事務員，可以試著將自己所處理好的工作檔案、契約書或持續記錄的筆記堆放在

桌子上。這種確實的量感能夠喚醒達成的喜悅和自信。

欲消除生活的倦怠感，可試著打破作息表

雖然每天都好好地去上班、工作也不拖延，但是總是產生不了活力，總覺得一切都很空虛，一般的人應該都曾有過這種經驗。這時候，如果是你，你會怎麼做呢？

如果等閒視之地認為「該做的事還是要做」，或魯莽地推進以前的作法，結果反而只會招來倦怠感。

在這種時候，不是「做應該做的事」，而是「不做應做的事」、「做不應做的事」比較重要。生活的倦怠感大抵是起因於對同樣型態的生活態度反覆之厭煩及無新鮮的感動。

因此，要擺脫這種倦怠感，必須打破這種生活型態。

例如，試著大膽地打破「十二點就寢，一天工作八小時，星期日休息」這種作息表。就像最近被當作新勤務系統而受注目的彈性上班制一樣，一天做兩倍的工作，次日休息，晚餐後立刻就寢，午夜時起床，試著體驗與平常不同的時間及不同的事情，如此將可使你發現，新的生活和新的你。

利用錄音帶入睡的暗示法對恢復自信也有效

磁帶錄音機在現今已普及於每個家庭，它和電視、收音機已並列為生活必需品。

其活用的方法非常多，從歌曲、英語會話練習，到野鳥的叫聲、摩托車的爆發聲等等的錄音，的確是多彩多姿、多用途。其中，「睡眠學習法」被認為是應用心理學的、特別的錄音帶使用方法。

這是一種在就寢前播放有學習內容的錄音帶，而在睡眠時也能進行學習的便利學習法，它在國外正在積極地被研究及實驗中。因為，想利用在進入熟睡前或醒來前所產生的一種催眠狀態，在無意識之中把學習的內容注入頭腦中。

這可以說是和催眠術相同的原理，因為在催眠術中被暗示的人在催眠消除後會採取被暗示的行動。

在覺醒時比較的話，被暗示性相當高，因此，這種睡眠學習法似乎可以好好地應用於恢復自信上。

例如，把「現在，我的心情非常沈靜。心情非常好，能睡得很好，明天早上醒來能拚命地工作」，這樣的內容反覆地錄在錄音帶裡。然後，在枕頭的一邊放這卷錄音帶一邊睡覺。

每晚都反覆地放，數週之後，這種自我暗示將會發生效用，一定會變得能應付工作或讀書。

事實上，有利用這種手法而改正惡習的實驗例子。將會咬指甲的小孩分成兩組，讓其中一組小孩聽著錄有「你們已經不咬指甲了」的老師聲音的錄音帶入睡，結果在一個月之後，這組孩子改掉了咬指甲的毛病。

由此可了解到：在錄音帶所播放的聲音中，自己尊敬的人之聲音似乎比自己的聲音更有效果。如果是被自卑感所苦惱而每天憂鬱地渡日的人，可以嚐試一次看看。

5 以看人的看法來改變對方

當對方討厭自己時，可以想成是自己討厭對方

截至目前為止人都有過各式各樣的煩惱和不安，人類或多或少都具有他人志向型的性格，正因為很在意別人看法，所以會產生這些煩惱。因此，在本章將提出一些能夠趕走對他人不必要的自卑感而充分地發揮自己能力之自我暗示術。

例如，你被別人刻薄地對待或被輕視時，你大概會一直悶悶不樂地煩惱著吧？

為了進行心的整理、恢復身心的活力，在此舉一個在我的友人中被稱為「失戀魔」的男子之例子當作參考。他就像那個怪名一樣，一次接一次地談戀愛，當然是一次又一次地失戀，對於有人問他「為什麼你能夠一次又一次地恢復精神上的活力呢？」他回答說：「如果認為是被嫌惡、討厭的話會很痛苦，因此，我都認為是自己討厭對方。」

在我們的心中都有一種在精神性的危機時保護自己的防衛機構，這是自然具備的東西。

該男子的情況是一種「投射」，亦即，意識性地反用了「將自己心中的感情想成對方的心中也會有」這種心理性機構。

和棘手的對手接觸時，可以先發制人

人在碰到棘手的對手時，往往容易採取逃避的方式。如果可能的話，最好不要看到對方、遠離對方，這種想法也清楚地表現在言行上。然而，這樣的作法將使得棘手意識永遠無法消除。消除棘手意識方法之一是，我經常說的先發制人的方法。

例如，我們和某人相約在咖啡店相見時，如果比相約的時間晚到了，會覺得有點羞愧或畏縮。然而，若知道對方還沒來而遲到時，其心情便會完全不同，不但覺得安心，同時還會心生餘裕，而對對方具有心理上的優越感。

若能應用這種心理，大概就能輕易地掌握克服棘手意識的契機。譬如，和對方相約時，就比約定時間早一點到達。

先發制人的做法可使自己具有心理上的優越感，不僅可以消除對對方的消極性姿態，而且自己可以採取主動的姿態，積極地面對對方，因此應該能夠湧生自信。

為了在對手面前不感到自卑，可將「能力」換成「職務」來想

在一個公司裡會有有能力的人和沒有能力的人，這是不爭的事實，任何人大概都不能否定吧！

但是，這個事實和每個人的人性尊嚴自然是不同的事情。然而，這一點並不能那麼輕易地被理解，因此便產生了自卑感、嫉妒或自負。

亦即，即使了解這個道理，當面對比自己行的對手時會感到自卑、覺得矮人一截的人仍然相當地多。

關於這一點，在中國的情況似乎有點不同。例如，年輕人們在同伴之間會彼此檢視彼此的能力，誰知識能力好應該到上級學校去比較好，誰具有指導能力應該當組織的領導人，這些都是在集體討論中決定的。

在那裡幾乎沒有因自己能力不足而感到自卑、嫉妒他人，或對自己的能力感到自傲而鄙視他人的情形。

我對中國的實際情況還不太了解，如果這是事實的話，他們可以說是真正建立了合理而巧妙的人類管理技術。

因為，這種做法不以「能力」這種有優劣的尺度來評斷每個人，而是把該優劣當作一種適性適用在「職務」方面來考量。

頭腦好的人成為學者或組織的幹部，身體好的人成為肌肉勞動者，有藝術才能的人成為藝術家，這就是「職務」。

只因為是職務，所以成為學者的人當然要頭腦好，成為藝術家的人當然要有藝術的才能。該事情的本身不會被稱贊或被嫉妒。

然後，他們之中，只有能夠認真地從事自己「職務」的人，才能成為評價的對象。

像這樣，不管能力如何，只要將它換成職務來想，那麼就不會感到自卑了。你可以這樣想：即使是很行的上司，那也只是職務而已；即使是很行的朋友，將來也只是該做特定的職務而已。

和喜歡該件事的人交往，即使不喜歡該件事也會變得喜歡

在小孩的世界裡，和喜歡讀書的小孩一起玩，會使自己變得喜歡讀書；和討厭讀書的小孩玩在一起，會變得討厭讀書，這樣的例子非常地多。這是因為被朋友感化的緣故。試著分析這種感化的內容，則有各種要因。

假設是和喜歡讀書的小孩玩在一起，從看什麼樣的書，使用哪一種參考書，到看什麼樣的電視節目、關心什麼事、玩什麼遊戲等等，有各種要因會被考慮到，如果問：是最被其中哪一項所感動呢？那麼，最接近正確的答案應該是：被他們交往中的每一件事情所感動。那種生活態度的全體造就了喜歡讀書的小孩。

這個道理在我們大人的世界裡也十分通用。想變得喜歡某事的方法之一是：和喜歡該事的人或對該事很行的人交往。

所謂「因為喜歡所以做得很好」，喜歡某事的人往往都是對該事很在行的人。和那樣的人交往，即使你自己沒有想去喜歡該事的目的，往往也會自然而然地喜歡該事。這就是變成和前述的小孩例子完全相同的結果。

譬如，當你陷入「我很討厭它，但是又不能不學會它，可是卻連學習的氣力也沒有！」這種兩難困境時，首先試著和精於此道的前輩交往。如此一來，你會受到該前輩的言行所影響，而抓到這樣的契機：自己認定不喜歡的心之「發硬」會自然消除。

與其認為不得不做而勉強地開始，不如將精通該事的人當做仲介，讓自己自然地產生做該事動機。

在喪失自信時，更需要接觸比自己優秀的人

任何人在失去自信時，為了避免因受到多餘的刺激而使情況變得更糟，往往容易變得消極、畏縮。認為「少管閒事免得麻煩」，而儘可能地和外界隔絕，來保護自己。特別是在人際關係上變得非常敏感，對於會讓自己有自卑的對手，都儘可能不和他碰面。但是，我卻認為：正是在這個時候，更應該努力找機會去和比自己優秀的人接觸。

這乍看之下，好像是一種打擊療法，然而，在喪失自信的人的眼中，在看到優秀的人時，會將「他為什麼這麼風光？這麼充滿自信？這麼具有說服力？」等等的原因拿來和處於相反情況的自己做更明確的比較。

就像病人看到健康的人時的情形一樣，如果患了「喪失自信」的疾病，首先要做的事是找出病因在哪裡。

像這樣，把優秀的人的言行看在眼裡，可以了解自己為何喪失自信的原因及其恢復方法，同時也能夠早一點確實掌握恢復的契機。

大展出版社有限公司	圖書日錄
地址：台北市北投區11204 致遠一路二段12巷1號 郵撥： 0166955～1	電話：（02）8236031 8236033 傳眞：（02）8272069

・法律專欄連載・電腦編號58

台大法學院 法律學系／策劃
法律服務社／編著

①別讓您的權利睡著了[1]	180元
②別讓您的權利睡著了[2]	180元

・趣味心理講座・電腦編號15

①性格測驗1	探索男與女	淺野八郎著	140元
②性格測驗2	透視人心奧秘	淺野八郎著	140元
③性格測驗3	發現陌生的自己	淺野八郎著	140元
④性格測驗4	發現你的真面目	淺野八郎著	140元
⑤性格測驗5	讓你們吃驚	淺野八郎著	140元
⑥性格測驗6	洞穿心理盲點	淺野八郎著	140元
⑦性格測驗7	探索對方心理	淺野八郎著	140元
⑧性格測驗8	由吃認識自己	淺野八郎著	140元
⑨性格測驗9	戀愛知多少	淺野八郎著	140元
⑩性格測驗10	由裝扮瞭解人心	淺野八郎著	140元
⑪性格測驗11	敲開內心玄機	淺野八郎著	140元
⑫性格測驗12	透視你的未來	淺野八郎著	140元
⑬血型與你的一生		淺野八郎著	140元
⑭趣味推理遊戲		淺野八郎著	140元

・婦幼天地・電腦編號16

①八萬人減肥成果	黃靜香譯	150元
②三分鐘減肥體操	楊鴻儒譯	130元
③窈窕淑女美髮秘訣	柯素娥譯	130元
④使妳更迷人	成　玉譯	130元
⑤女性的更年期	官舒妍編譯	130元
⑥胎內育兒法	李玉瓊編譯	120元
⑧初次懷孕與生產	婦幼天地編譯組	180元

⑨初次育兒12個月	婦幼天地編譯組	180元
⑩斷乳食與幼兒食	婦幼天地編譯組	180元
⑪培養幼兒能力與性向	婦幼天地編譯組	180元
⑫培養幼兒創造力的玩具與遊戲	婦幼天地編譯組	180元
⑬幼兒的症狀與疾病	婦幼天地編譯組	180元
⑭腿部苗條健美法	婦幼天地編譯組	150元
⑮女性腰痛別忽視	婦幼天地編譯組	150元
⑯舒展身心體操術	李玉瓊編譯	130元
⑰三分鐘臉部體操	趙薇妮著	120元
⑱生動的笑容表情術	趙薇妮著	120元
⑲心曠神怡減肥法	川津祐介著	130元
⑳內衣使妳更美麗	陳玄茹譯	130元
㉑瑜伽美姿美容	黃靜香編著	150元
㉒高雅女性裝扮學	陳珮玲譯	180元

·青 春 天 地· 電腦編號17

①A血型與星座	柯素娥編譯	120元
②B血型與星座	柯素娥編譯	120元
③O血型與星座	柯素娥編譯	120元
④AB血型與星座	柯素娥編譯	120元
⑤青春期性教室	呂貴嵐編譯	130元
⑥事半功倍讀書法	王毅希編譯	130元
⑦難解數學破題	宋釗宜編譯	130元
⑧速算解題技巧	宋釗宜編譯	130元
⑨小論文寫作秘訣	林顯茂編譯	120元
⑩視力恢復！超速讀術	江錦雲譯	130元
⑪中學生野外遊戲	熊谷康編著	120元
⑫恐怖極短篇	柯素娥編譯	130元
⑬恐怖夜話	小毛驢編譯	130元
⑭恐怖幽默短篇	小毛驢編譯	120元
⑮黑色幽默短篇	小毛驢編譯	120元
⑯靈異怪談	小毛驢編譯	130元
⑰錯覺遊戲	小毛驢編譯	130元
⑱整人遊戲	小毛驢編譯	120元
⑲有趣的超常識	柯素娥編譯	130元
⑳哦！原來如此	林慶旺編譯	130元
㉑趣味競賽100種	劉名揚編譯	120元
㉒數學謎題入門	宋釗宜編譯	150元
㉓數學謎題解析	宋釗宜編譯	150元
㉔透視男女心理	林慶旺編譯	120元

㉕少女情懷的自白	李桂蘭編譯	120元
㉖由兄弟姊妹看命運	李玉瓊編譯	130元
㉗趣味的科學魔術	林慶旺編譯	150元
㉘趣味的心理實驗室	李燕玲編譯	150元
㉙愛與性心理測驗	小毛驢編譯	130元
㉚刑案推理解謎	小毛驢編譯	130元
㉛偵探常識推理	小毛驢編譯	130元
㉜偵探常識解謎	小毛驢編譯	130元
㉝偵探推理遊戲	小毛驢編譯	130元
㉞趣味的超魔術	廖玉山編著	150元
㉟趣味的珍奇發明	柯素娥編著	150元

•健 康 天 地• 電腦編號18

①壓力的預防與治療	柯素娥編譯	130元
②超科學氣的魔力	柯素娥編譯	130元
③尿療法治病的神奇	中尾良一著	130元
④鐵證如山的尿療法奇蹟	廖玉山譯	120元
⑤一日斷食健康法	葉慈容編譯	120元
⑥胃部強健法	陳炳崑譯	120元
⑦癌症早期檢查法	廖松濤譯	130元
⑧老人痴呆症防止法	柯素娥編譯	130元
⑨松葉汁健康飲料	陳麗芬編譯	130元
⑩揉肚臍健康法	永井秋夫著	150元
⑪過勞死、猝死的預防	卓秀貞編譯	130元
⑫高血壓治療與飲食	藤山順豐著	150元
⑬老人看護指南	柯素娥編譯	150元
⑭美容外科淺談	楊啟宏著	150元
⑮美容外科新境界	楊啟宏著	150元
⑯鹽是天然的醫生	西英司郎著	140元

•實用女性學講座• 電腦編號19

①解讀女性內心世界	島田一男著	150元
②塑造成熟的女性	島田一男著	150元

•校 園 系 列• 電腦編號20

①讀書集中術	多湖輝著	150元
②應考的訣竅	多湖輝著	150元
③輕鬆讀書贏得聯考	多湖輝著	150元

•實用心理學講座•電腦編號21

①拆穿欺騙伎倆	多湖輝著	140元
②創造好構想	多湖輝著	140元
③面對面心理術	多湖輝著	140元
④僞裝心理術	多湖輝著	140元
⑤透視人性弱點	多湖輝著	140元
⑥自我表現術	多湖輝著	150元
⑦不可思議的人性心理	多湖輝著	150元
⑧催眠術入門	多湖輝著	150元
⑨責罵部屬的藝術	多湖輝著	150元
⑩精神力	多湖輝著	150元

•超現實心理講座•電腦編號22

①超意識覺醒法	詹蔚芬編譯	130元
②護摩秘法與人生	劉名揚編譯	130元
③秘法！超級仙術入門	陸　明譯	150元
④給地球人的訊息	柯素娥編著	150元
⑤密教的神通力	劉名揚編著	130元
⑥神秘奇妙的世界	平川陽一著	180元

•養生保健•電腦編號23

①醫療養生氣功	黃孝寬著	250元

•心靈雅集•電腦編號00

①禪言佛語看人生	松濤弘道著	150元
②禪密教的奧秘	葉逯謙譯	120元
③觀音大法力	田口日勝著	120元
④觀音法力的大功德	田口日勝著	120元
⑤達摩禪106智慧	劉華亭編譯	150元
⑥有趣的佛教研究	葉逯謙編譯	120元
⑦夢的開運法	蕭京凌譯	130元
⑧禪學智慧	柯素娥編譯	130元
⑨女性佛教入門	許俐萍譯	110元
⑩佛像小百科	心靈雅集編譯組	130元
⑪佛教小百科趣談	心靈雅集編譯組	120元
⑫佛教小百科漫談	心靈雅集編譯組	150元

⑬佛教知識小百科　心靈雅集編譯組　150元
⑭佛學名言智慧　松濤弘道著　180元
⑮釋迦名言智慧　松濤弘道著　180元
⑯活人禪　平田精耕著　120元
⑰坐禪入門　柯素娥編譯　120元
⑱現代禪悟　柯素娥編譯　130元
⑲道元禪師語錄　心靈雅集編譯組　130元
⑳佛學經典指南　心靈雅集編譯組　130元
㉑何謂「生」　阿含經　心靈雅集編譯組　130元
㉒一切皆空　般若心經　心靈雅集編譯組　130元
㉓超越迷惘　法句經　心靈雅集編譯組　130元
㉔開拓宇宙觀　華嚴經　心靈雅集編譯組　130元
㉕真實之道　法華經　心靈雅集編譯組　130元
㉖自由自在　涅槃經　心靈雅集編譯組　130元
㉗沈默的教示　維摩經　心靈雅集編譯組　130元
㉘開通心眼　佛語佛戒　心靈雅集編譯組　130元
㉙揭秘寶庫　密教經典　心靈雅集編譯組　130元
㉚坐禪與養生　廖松濤譯　110元
㉛釋尊十戒　柯素娥編譯　120元
㉜佛法與神通　劉欣如編著　120元
㉝悟（正法眼藏的世界）　柯素娥編譯　120元
㉞只管打坐　劉欣如編譯　120元
㉟喬答摩・佛陀傳　劉欣如編著　120元
㊱唐玄奘留學記　劉欣如編譯　120元
㊲佛教的人生觀　劉欣如編譯　110元
㊳無門關（上卷）　心靈雅集編譯組　150元
㊴無門關（下卷）　心靈雅集編譯組　150元
㊵業的思想　劉欣如編著　130元
㊶佛法難學嗎　劉欣如著　140元
㊷佛法實用嗎　劉欣如著　140元
㊸佛法殊勝嗎　劉欣如著　140元
㊹因果報應法則　李常傳編　140元
㊺佛教醫學的奧秘　劉欣如編著　150元
㊻紅塵絕唱　海　若著　130元
㊼佛教生活風情　洪丕謨、姜玉珍著　220元

・經 營 管 理・電腦編號01

◎創新經營管理六十六大計（精）　蔡弘文編　780元
①如何獲取生意情報　蘇燕謀譯　110元
②經濟常識問答　蘇燕謀譯　130元

③股票致富68秘訣	簡文祥譯	100元
④台灣商戰風雲錄	陳中雄著	120元
⑤推銷大王秘錄	原一平著	100元
⑥新創意・賺大錢	王家成譯	90元
⑦工廠管理新手法	琪　輝著	120元
⑧奇蹟推銷術	蘇燕謀譯	100元
⑨經營參謀	柯順隆譯	120元
⑩美國實業24小時	柯順隆譯	80元
⑪撼動人心的推銷法	原一平著	120元
⑫高竿經營法	蔡弘文編	120元
⑬如何掌握顧客	柯順隆譯	150元
⑭一等一賺錢策略	蔡弘文編	120元
⑯成功經營妙方	鐘文訓著	120元
⑰一流的管理	蔡弘文編	150元
⑱外國人看中韓經濟	劉華亭譯	150元
⑲企業不良幹部群相	琪輝編著	120元
⑳突破商場人際學	林振輝編著	90元
㉑無中生有術	琪輝編著	140元
㉒如何使女人打開錢包	林振輝編著	100元
㉓操縱上司術	邑井操著	90元
㉔小公司經營策略	王嘉誠著	100元
㉕成功的會議技巧	鐘文訓編譯	100元
㉖新時代老闆學	黃柏松編著	100元
㉗如何創造商場智囊團	林振輝編譯	150元
㉘十分鐘推銷術	林振輝編譯	120元
㉙五分鐘育才	黃柏松編譯	100元
㉚成功商場戰術	陸明編譯	100元
㉛商場談話技巧	劉華亭編譯	120元
㉜企業帝王學	鐘文訓譯	90元
㉝自我經濟學	廖松濤編譯	100元
㉞一流的經營	陶田生編著	120元
㉟女性職員管理術	王昭國編譯	120元
㊱ＩＢＭ的人事管理	鐘文訓編譯	150元
㊲現代電腦常識	王昭國編譯	150元
㊳電腦管理的危機	鐘文訓編譯	120元
㊴如何發揮廣告效果	王昭國編譯	150元
㊵最新管理技巧	王昭國編譯	150元
㊶一流推銷術	廖松濤編譯	120元
㊷包裝與促銷技巧	王昭國編譯	130元
㊸企業王國指揮塔	松下幸之助著	120元
㊹企業精銳兵團	松下幸之助著	120元

㊺企業人事管理	松下幸之助著	100元
㊻華僑經商致富術	廖松濤編譯	130元
㊼豐田式銷售技巧	廖松濤編譯	120元
㊽如何掌握銷售技巧	王昭國編著	130元
㊿洞燭機先的經營	鐘文訓編譯	150元
⑫新世紀的服務業	鐘文訓編譯	100元
⑬成功的領導者	廖松濤編譯	120元
⑭女推銷員成功術	李玉瓊編譯	130元
⑮ＩＢＭ人才培育術	鐘文訓編譯	100元
⑯企業人自我突破法	黃琪輝編著	150元
⑱財富開發術	蔡弘文編著	130元
⑲成功的店舖設計	鐘文訓編著	150元
⑹企管回春法	蔡弘文編著	130元
⑹小企業經營指南	鐘文訓編譯	100元
⑹商場致勝名言	鐘文訓編譯	150元
⑹迎接商業新時代	廖松濤編譯	100元
⑹新手股票投資入門	何朝乾　編	180元
⑹上揚股與下跌股	何朝乾編譯	150元
⑹股票速成學	何朝乾編譯	180元
⑹理財與股票投資策略	黃俊豪編著	180元
⑺黃金投資策略	黃俊豪編著	180元
⑺厚黑管理學	廖松濤編譯	180元
⑺股市致勝格言	呂梅莎編譯	180元
⑺透視西武集團	林谷燁編譯	150元
⑺巡迴行銷術	陳蒼杰譯	150元
⑺推銷的魔術	王嘉誠譯	120元
⑺60秒指導部屬	周蓮芬編譯	150元
⑺精銳女推銷員特訓	李玉瓊編譯	130元
⑻企劃、提案、報告圖表的技巧	鄭　汶　譯	180元
⑻海外不動產投資	許達守編譯	150元
⑻八百件的世界策略	李玉瓊譯	150元
⑻服務業品質管理	吳宜芬譯	180元
⑻零庫存銷售	黃東謙編譯	150元
⑻三分鐘推銷管理	劉名揚編譯	150元
⑻推銷大王奮鬥史	原一平著	150元
⑻豐田汽車的生產管理	林谷燁編譯	150元

•成功寶庫• 電腦編號02

①上班族交際術	江森滋著	100元
②拍馬屁訣竅	廖玉山編譯	110元

④聽話的藝術	歐陽輝編譯	110元
⑨求職轉業成功術	陳　義編著	110元
⑩上班族禮儀	廖玉山編著	120元
⑪接近心理學	李玉瓊編著	100元
⑫創造自信的新人生	廖松濤編著	120元
⑭上班族如何出人頭地	廖松濤編著	100元
⑮神奇瞬間瞑想法	廖松濤編譯	100元
⑯人生成功之鑰	楊意苓編著	150元
⑱潛在心理術	多湖輝　著	100元
⑲給企業人的諍言	鐘文訓編著	120元
⑳企業家自律訓練法	陳　義編譯	100元
㉑上班族妖怪學	廖松濤編著	100元
㉒猶太人縱橫世界的奇蹟	孟佑政編著	110元
㉓訪問推銷術	黃静香編著	130元
㉕你是上班族中強者	嚴思圖編著	100元
㉖向失敗挑戰	黃静香編著	100元
㉙機智應對術	李玉瓊編著	130元
㉚成功頓悟100則	蕭京凌編譯	130元
㉛掌握好運100則	蕭京凌編譯	110元
㉜知性幽默	李玉瓊編譯	130元
㉝熟記對方絕招	黃静香編譯	100元
㉞男性成功秘訣	陳蒼杰編譯	130元
㊱業務員成功秘方	李玉瓊編著	120元
㊲察言觀色的技巧	劉華亭編著	130元
㊳一流領導力	施義彥編譯	120元
㊴一流說服力	李玉瓊編著	130元
㊵30秒鐘推銷術	廖松濤編譯	120元
㊶猶太成功商法	周蓮芬編譯	120元
㊷尖端時代行銷策略	陳蒼杰編著	100元
㊸顧客管理學	廖松濤編著	100元
㊹如何使對方說Yes	程　羲編著	150元
㊺如何提高工作效率	劉華亭編著	150元
㊼上班族口才學	楊鴻儒譯	120元
㊽上班族新鮮人須知	程　羲編著	120元
㊾如何左右逢源	程　羲編著	130元
㊿語言的心理戰	多湖輝著	130元
51扣人心弦演說術	劉名揚編著	120元
53如何增進記憶力、集中力	廖松濤譯	130元
55性惡企業管理學	陳蒼杰譯	130元
56自我啟發200招	楊鴻儒編著	150元
57做個傑出女職員	劉名揚編著	130元

㊳靈活的集團營運術	楊鴻儒編著	120元
㊵個案研究活用法	楊鴻儒編著	130元
㊶企業教育訓練遊戲	楊鴻儒編著	120元
㊷管理者的智慧	程　義編譯	130元
㊸做個佼佼管理者	馬筱莉編譯	130元
㊹智慧型說話技巧	沈永嘉編譯	130元
㊻活用佛學於經營	松濤弘道著	150元
㊼活用禪學於企業	柯素娥編譯	130元
㊽詭辯的智慧	沈永嘉編譯	130元
㊾幽默詭辯術	廖玉山編譯	130元
㊿拿破崙智慧箴言	柯素娥編譯	130元
71自我培育・超越	蕭京凌編譯	150元
72深層心理術	多湖輝著	130元
73深層語言術	多湖輝著	130元
74時間即一切	沈永嘉編譯	130元
75自我脫胎換骨	柯素娥譯	150元
76贏在起跑點―人才培育鐵則	楊鴻儒編譯	150元
77做一枚活棋	李玉瓊編譯	130元
78面試成功戰略	柯素娥編譯	130元
79自我介紹與社交禮儀	柯素娥編譯	130元
80說NO的技巧	廖玉山編譯	130元
81瞬間攻破心防法	廖玉山編譯	120元
82改變一生的名言	李玉瓊編譯	130元
83性格性向創前程	楊鴻儒編譯	130元
84訪問行銷新竅門	廖玉山編譯	150元
85無所不達的推銷話術	李玉瓊編譯	150元

・處 世 智 慧・電腦編號03

①如何改變你自己	陸明編譯	120元
②人性心理陷阱	多湖輝著	90元
④幽默說話術	林振輝編譯	120元
⑤讀書36計	黃柏松編譯	120元
⑥靈感成功術	譚繼山編譯	80元
⑧扭轉一生的五分鐘	黃柏松編譯	100元
⑨知人、知面、知其心	林振輝譯	110元
⑩現代人的詭計	林振輝譯	100元
⑫如何利用你的時間	蘇遠謀譯	80元
⑬口才必勝術	黃柏松編譯	120元
⑭女性的智慧	譚繼山編譯	90元
⑮如何突破孤獨	張文志編譯	80元

⑯人生的體驗	陸明編譯	80元
⑰微笑社交術	張芳明譯	90元
⑱幽默吹牛術	金子登著	90元
⑲攻心說服術	多湖輝著	100元
⑳當機立斷	陸明編譯	70元
㉑勝利者的戰略	宋恩臨編譯	80元
㉒如何交朋友	安紀芳編著	70元
㉓鬥智奇謀（諸葛孔明兵法）	陳炳崑著	70元
㉔慧心良言	亦　奇著	80元
㉕名家慧語	蔡逸鴻主編	90元
㉗稱霸者啟示金言	黃柏松編譯	90元
㉘如何發揮你的潛能	陸明編譯	90元
㉙女人身態語言學	李常傳譯	130元
㉚摸透女人心	張文志譯	90元
㉛現代戀愛秘訣	王家成譯	70元
㉜給女人的悄悄話	妮倩編譯	90元
㉞如何開拓快樂人生	陸明編譯	90元
㉟驚人時間活用法	鐘文訓譯	80元
㊱成功的捷徑	鐘文訓譯	70元
㊲幽默逗笑術	林振輝著	120元
㊳活用血型讀書法	陳炳崑譯	80元
㊴心　燈	葉于模著	100元
㊵當心受騙	林顯茂譯	90元
㊶心・體・命運	蘇燕謀譯	70元
㊷如何使頭腦更敏銳	陸明編譯	70元
㊸宮本武藏五輪書金言錄	宮本武藏著	100元
㊹厚黑說服術	多湖輝著	90元
㊺勇者的智慧	黃柏松編譯	80元
㊼成熟的愛	林振輝譯	120元
㊽現代女性駕馭術	蔡德華著	90元
㊾禁忌遊戲	酒井潔著	90元
52摸透男人心	劉華亭編譯	80元
53如何達成願望	謝世輝著	90元
54創造奇蹟的「想念法」	謝世輝著	90元
55創造成功奇蹟	謝世輝著	90元
56男女幽默趣典	劉華亭譯	90元
57幻想與成功	廖松濤譯	80元
58反派角色的啟示	廖松濤編譯	70元
59現代女性須知	劉華亭編著	75元
61機智說話術	劉華亭編譯	100元
62如何突破內向	姜倩怡編譯	110元

⑭讀心術入門	王家成編譯	100元
⑮如何解除內心壓力	林美羽編著	110元
⑯取信於人的技巧	多湖輝著	110元
⑰如何培養堅強的自我	林美羽編著	90元
⑱自我能力的開拓	卓一凡編著	110元
⑳縱橫交涉術	嚴思圖編著	90元
㉑如何培養妳的魅力	劉文珊編著	90元
㉒魅力的力量	姜倩怡編著	90元
㉓金錢心理學	多湖輝著	100元
㉔語言的圈套	多湖輝著	110元
㉕個性膽怯者的成功術	廖松濤編譯	100元
㉖人性的光輝	文可式編著	90元
㉘驚人的速讀術	鐘文訓編譯	90元
㉙培養靈敏頭腦秘訣	廖玉山編著	90元
㉚夜晚心理術	鄭秀美編譯	80元
㉛如何做個成熟的女性	李玉瓊編著	80元
㉜現代女性成功術	劉文珊編著	90元
㉝成功說話技巧	梁惠珠編譯	100元
㉞人生的真諦	鐘文訓編譯	100元
㉟妳是人見人愛的女孩	廖松濤編著	120元
㊲指尖・頭腦體操	蕭京凌編譯	90元
㊳電話應對禮儀	蕭京凌編著	90元
㊴自我表現的威力	廖松濤編譯	100元
㊵名人名語啟示錄	喬家楓編著	100元
㊶男與女的哲思	程鐘梅編譯	110元
㊷靈思慧語	牧　風著	110元
㊸心靈夜語	牧　風著	100元
㊹激盪腦力訓練	廖松濤編譯	100元
㊺三分鐘頭腦活性法	廖玉山編譯	110元
㊻星期一的智慧	廖玉山編譯	100元
㊼溝通說服術	賴文琇編譯	100元
㊽超速讀超記憶法	廖松濤編譯	120元

・健康與美容・電腦編號04

①B型肝炎預防與治療	曾慧琪譯	130元
③媚酒傳（中國王朝秘酒）	陸明主編	120元
④藥酒與健康果菜汁	成玉主編	150元
⑤中國回春健康術	蔡一藩著	100元
⑥奇蹟的斷食療法	蘇燕謀譯	110元
⑧健美食物法	陳炳崑譯	120元

⑨驚異的漢方療法	唐龍編著	90元
⑩不老強精食	唐龍編著	100元
⑪經脈美容法	月乃桂子著	90元
⑫五分鐘跳繩健身法	蘇明達譯	100元
⑬睡眠健康法	王家成譯	80元
⑭你就是名醫	張芳明譯	90元
⑮如何保護你的眼睛	蘇燕謀譯	70元
⑯自我指壓術	今井義睛著	120元
⑰室內身體鍛鍊法	陳炳崑譯	100元
⑲釋迦長壽健康法	譚繼山譯	90元
⑳腳部按摩健康法	譚繼山譯	120元
㉑自律健康法	蘇明達譯	90元
㉓身心保健座右銘	張仁福著	160元
㉔腦中風家庭看護與運動治療	林振輝譯	100元
㉕秘傳醫學人相術	成玉主編	120元
㉖導引術入門⑴治療慢性病	成玉主編	110元
㉗導引術入門⑵健康・美容	成玉主編	110元
㉘導引術入門⑶身心健康法	成玉主編	110元
㉙妙用靈藥・蘆薈	李常傳譯	90元
㉚萬病回春百科	吳通華著	150元
㉛初次懷孕的10個月	成玉編譯	100元
㉜中國秘傳氣功治百病	陳炳崑編譯	130元
㉞仙人成仙術	陸明編譯	100元
㉟仙人長生不老學	陸明編譯	100元
㊱釋迦秘傳米粒刺激法	鐘文訓譯	120元
㊲痔・治療與預防	陸明編譯	130元
㊳自我防身絕技	陳炳崑編譯	120元
㊴運動不足時疲勞消除法	廖松濤譯	110元
㊵三溫暖健康法	鐘文訓編譯	90元
㊷維他命C新效果	鐘文訓譯	90元
㊸維他命與健康	鐘文訓譯	120元
㊺森林浴—綠的健康法	劉華亭編譯	80元
㊼導引術入門⑷酒浴健康法	成玉主編	90元
㊽導引術入門⑸不老回春法	成玉主編	90元
㊾山白竹（劍竹）健康法	鐘文訓譯	90元
㊿解救你的心臟	鐘文訓編譯	100元
⑸牙齒保健法	廖玉山譯	90元
⑸超人氣功法	陸明編譯	110元
⑸超能力秘密開發法	廖松濤譯	80元
⑸借力的奇蹟⑴	力拔山著	100元
⑸借力的奇蹟⑵	力拔山著	100元

㊻五分鐘小睡健康法	呂添發撰	100元
㊼禿髮、白髮預防與治療	陳炳崑撰	100元
㊽吃出健康藥膳	劉大器著	100元
㊾艾草健康法	張汝明編譯	90元
㊿一分鐘健康診斷	蕭京凌編譯	90元
61念術入門	黃静香編譯	90元
62念術健康法	黃静香編譯	90元
63健身回春法	梁惠珠編譯	100元
64姿勢養生法	黃秀娟編譯	90元
65仙人瞑想法	鐘文訓譯	120元
66人蔘的神效	林慶旺譯	100元
67奇穴治百病	吳通華著	120元
68中國傳統健康法	靳海東著	100元
69下半身減肥法	納他夏・史達賓著	110元
70使妳的肌膚更亮麗	楊　皓編譯	100元
71酵素健康法	楊　皓編譯	120元
73腰痛預防與治療	五味雅吉著	100元
74如何預防心臟病・腦中風	譚定長等著	100元
75少女的生理秘密	蕭京凌譯	120元
76頭部按摩與針灸	楊鴻儒譯	100元
77雙極療術入門	林聖道著	100元
78氣功自療法	梁景蓮著	100元
79大蒜健康法	李玉瓊編譯	100元
80紅蘿蔔汁斷食療法	李玉瓊譯	120元
81健胸美容秘訣	黃靜香譯	100元
82鍺奇蹟療效	林宏儒譯	120元
83三分鐘健身運動	廖玉山譯	120元
84尿療法的奇蹟	廖玉山譯	120元
85神奇的聚積療法	廖玉山譯	120元
86預防運動傷害伸展體操	楊鴻儒編譯	120元
87糖尿病預防與治療	石莉涓譯	150元
88五日就能改變你	柯素娥譯	110元
89三分鐘氣功健康法	陳美華譯	120元
90痛風劇痛消除法	余昇凌譯	120元
91道家氣功術	早島正雄著	130元
92氣功減肥術	早島正雄著	120元
93超能力氣功法	柯素娥譯	130元
94氣的瞑想法	早島正雄著	120元

・家庭／生活・電腦編號05

①單身女郎生活經驗談	廖玉山編著	100元
②血型・人際關係	黃静編著	120元
③血型・妻子	黃静編著	110元
④血型・丈夫	廖玉山編譯	130元
⑤血型・升學考試	沈永嘉編譯	120元
⑥血型・臉型・愛情	鐘文訓編譯	120元
⑦現代社交須知	廖松濤編譯	100元
⑧簡易家庭按摩	鐘文訓編譯	150元
⑨圖解家庭看護	廖玉山編譯	120元
⑩生男育女隨心所欲	岡正基編著	120元
⑪家庭急救治療法	鐘文訓編著	100元
⑫新孕婦體操	林曉鐘譯	120元
⑬從食物改變個性	廖玉山編譯	100元
⑭藥草的自然療法	東城百合子著	200元
⑮糙米菜食與健康料理	東城百合子著	元
⑯現代人的婚姻危機	黃　静編著	90元
⑰親子遊戲　0歲	林慶旺編譯	100元
⑱親子遊戲　1～2歲	林慶旺編譯	110元
⑲親子遊戲　3歲	林慶旺編譯	100元
⑳女性醫學新知	林曉鐘編譯	130元
㉑媽媽與嬰兒	張汝明編譯	150元
㉒生活智慧百科	黃　静編譯	100元
㉓手相・健康・你	林曉鐘編譯	120元
㉔菜食與健康	張汝明編譯	110元
㉕家庭素食料理	陳東達著	140元
㉖性能力活用秘法	米開・尼里著	130元
㉗兩性之間	林慶旺編譯	120元
㉘性感經穴健康法	蕭京凌編譯	110元
㉙幼兒推拿健康法	蕭京凌編譯	100元
㉚談中國料理	丁秀山編著	100元
㉛舌技入門	增田豐　著	130元
㉜預防癌症的飲食法	黃静香編譯	150元
㉝性與健康寶典	黃静香編譯	180元
㉞正確避孕法	蕭京凌編譯	130元
㉟吃的更漂亮美容食譜	楊萬里著	120元
㊱圖解交際舞速成	鐘文訓編譯	150元
㊲觀相導引術	沈永嘉譯	130元
㊳初為人母12個月	陳義譯	130元

39 圖解麻將入門	顧安行編譯	130元
40 麻將必勝秘訣	石利夫編譯	130元
41 女性一生與漢方	蕭京凌編譯	100元
42 家電的使用與修護	鐘文訓編譯	130元
43 錯誤的家庭醫療法	鐘文訓編譯	100元
44 簡易防身術	陳慧珍編譯	130元
45 茶健康法	鐘文訓編譯	130元
47 生活的藝術	沈永嘉編著	120元
48 雜草雜果健康法	沈永嘉編著	120元
49 如何選擇理想妻子	荒谷慈著	110元
50 如何選擇理想丈夫	荒谷慈著	110元
51 中國食與性的智慧	根本光人著	150元
52 開運法話	陳宏男譯	100元
53 禪語經典＜上＞	平田精耕著	150元
54 禪語經典＜下＞	平田精耕著	150元
55 手掌按摩健康法	鐘文訓譯	150元
56 脚底按摩健康法	鐘文訓譯	150元
57 仙道運氣健身法	高藤聰一郎著	150元
58 健心、健體呼吸法	蕭京凌譯	120元
59 自彊術入門	蕭京凌譯	120元
60 指技入門	增田豐著	130元
61 下半身鍛鍊法	增田豐著	150元
62 表象式學舞法	黃靜香編譯	180元
63 圖解家庭瑜伽	鐘文訓譯	130元
64 食物治療寶典	黃靜香編譯	130元
65 智障兒保育入門	楊鴻儒譯	130元
66 自閉兒童指導入門	楊鴻儒譯	150元
67 乳癌發現與治療	黃靜香譯	130元
68 盆栽培養與欣賞	廖啟新編譯	150元
69 世界手語入門	蕭京凌編譯	150元
70 賽馬必勝法	李錦雀編譯	200元
71 中藥健康粥	蕭京凌編譯	120元
72 健康食品指南	劉文珊編譯	130元
73 健康長壽飲食法	鐘文訓編譯	150元
74 夜生活規則	增田豐著	120元
75 自製家庭食品	鐘文訓編譯	180元
76 仙道帝王招財術	廖玉山譯	130元
77「氣」的蓄財術	劉名揚譯	130元
78 佛教健康法入門	劉名揚譯	130元
79 男女健康醫學	郭汝蘭譯	150元
80 成功的果樹培育法	張煌編譯	130元